CB131503

A TIRANIA
DA PENITÊNCIA

Do Autor:

A Euforia Perpétua

PASCAL BRUCKNER

A TIRANIA DA PENITÊNCIA

Ensaio sobre o masoquismo ocidental

Tradução
REJANE JANOWITZER

DIFEL

Copyright © Éditions Grasset & Fasquelle, 2006.

Título original: *La Tyrannie de la Pénitence*

Capa: Raul Fernandes

Editoração: DFL

2008
Impresso no Brasil
Printed in Brazil

Cip-Brasil. Catalogação na fonte
Sindicato Nacional dos Editores de Livros, RJ

B912t Bruckner, Pascal, 1948-
A tirania da penitência: ensaio sobre o masoquismo ocidental/Pascal Bruckner; tradução Rejane Janowitzer. – Rio de Janeiro: DIFEL, 2008.
240p.

Tradução de: La tyrannie de la pénitence
ISBN 978-85-7432-084-7

1. Civilização ocidental – Século XX e XXI. 2. Relações internacionais – Aspectos morais e éticos. 3. Culpa. 4. Ódio a si mesmo (Psicologia). 5. Política internacional. 6. Ocidente – Relações exteriores. 7. Ocidente – Vida intelectual. I. Título. II. Ensaio sobre o masoquismo ocidental.

CDD – 179.8
08-0786 CDU – 179.8

Todos os direitos reservados pela:
DIFEL – selo editorial da
EDITORA BERTRAND BRASIL LTDA.
Rua Argentina, 171 – 1º andar – São Cristóvão
20921-380 – Rio de Janeiro – RJ
Tel.: (0xx21) 2585-2070 – Fax: (0xx21) 2585-2087

Não é permitida a reprodução total ou parcial desta obra, por quaisquer meios, sem a prévia autorização por escrito da Editora.

Atendemos pelo Reembolso Postal.

Para Laurent Aublin,
meu mais antigo e fiel amigo,
como lembrança do dormitório do Henri-IV,
e do dôme des Ecrins

"Bebi demais o sangue negro dos mortos."

Michelet

"Estamos em um tempo em que os homens,
movidos por ideologias medíocres e ferozes,
se habituaram a ter vergonha de tudo. Vergonha
de si mesmos, vergonha de ser felizes, de amar
e de criar (...). É preciso, pois, se sentir culpado.
Eis-nos arrastados ao confessionário laico,
o pior de todos."

Albert Camus, Actuelles,
Écrits politiques, 1948

SUMÁRIO DOS CAPÍTULOS

III

A PISCINA DA INOCÊNCIA REENCONTRADA

IV

O FANATISMO DA MODÉSTIA

V

O SEGUNDO GÓLGOTA

VI
OUÇA MEU SOFRIMENTO

VII
DEPRESSÃO NO PARAÍSO
A FRANÇA, SINTOMA E CARICATURA DA EUROPA

VIII
A DÚVIDA E A FÉ
A QUERELA EUROPA-ESTADOS UNIDOS

SUMÁRIO DOS QUADROS

INTRODUÇÃO

Um calor inusitado se abate sobre uma grande cidade da Europa do Norte quando um meteorito se aproxima da Terra. Os habitantes descem à noite de pijama para a rua, enxugam o suor que escorre sobre seus rostos, perscrutam o céu, apavorados, observam o meteorito que cresce a olhos vistos. Todos temem a mesma coisa: que aquela massa de matéria em fusão entre em colisão com nosso planeta. Os ratos, tomados de pânico, deixam em massa os esgotos, os pneus dos carros estouram, o asfalto derrete. É então que um estranho personagem, vestido com um manto branco e usando uma barba comprida, começa a arengar a multidão batendo em um gongo e gritando: "É o castigo, penitenciem-se, o fim dos Tempos chegou."

Nós sorrimos à vista desse profeta chinfrim que lança injúrias e vaticina, tanto mais que a cena se passa em uma história em quadrinhos, *L'Étoile mystérieuse*, de Hergé.[1] Contudo, sob a futilidade do discurso, quanta verdade neste grito: "Arrependam-se!" Por trás do hedonismo proclamado, eis a mensagem que a filosofia ocidental nos martela há meio

[1] Casterman, 1947.

século, ela que pretende ser ao mesmo tempo uma palavra emancipadora e a má consciência de seu tempo. O que ela nos inocula, em matéria de ateísmo, é na verdade a velha noção do pecado original, o antigo veneno da danação. Em terra judaico-cristã, não existe combustível mais forte que o sentimento da falta, e quanto mais os filósofos e sociólogos se proclamam agnósticos, ateus, livre-pensadores, mais prolongam a crença que recusam. Como dizia Nietzsche, as ideologias laicas, em nome da humanidade, supercristianizaram o cristianismo e reforçaram sua mensagem.

Do existencialismo ao desconstrucionismo, todo o pensamento moderno se esgota na denúncia mecânica do Ocidente do qual sublinha a hipocrisia, a violência, a abominação. Os melhores espíritos perderam nela boa parte de sua substância. Foram poucos os que não sucumbiram a essa rotina espiritual: um aplaudindo uma revolução religiosa, um regime de opressão, o outro se extasiando diante da beleza dos atos terroristas ou apoiando determinada guerrilha pelo fato de ela contestar nossa lógica imperial. Indulgência com as ditaduras estrangeiras, intransigência diante de nossas democracias. Eterno movimento: um pensamento crítico, de início subversivo, volta-se contra si mesmo e se torna novo conformismo, mas um conformismo aureolado da lembrança da antiga rebelião. A audácia de ontem se transforma em clichê. O remorso deixa de estar ligado a circunstâncias históricas precisas e se torna dogma, mercadoria espiritual, quase moeda de troca. Todo um comércio intelectual entra em ação: funcionários remunerados para sua manutenção, como antigamente os vigias do farol, concedem autorizações para pensar, para falar. Ao menor afastamento, esses atletas da contrição protestam, estabelecem a política da linguagem, concedem o imprimátur ou o recusam. Na grande fábrica do espírito, são eles que nos abrem ou nos fecham as portas. Esse uso repetido do escalpelo contra si, nós chamaremos de dever de penitência. Como qualquer ideologia, tal discurso é enunciado desde logo com o registro da evidência. Nenhuma necessidade de demonstração, de tanto que as coisas parecem claras: trata-se apenas de repetir, de confirmar. O dever de penitência é uma máquina de guerra que exerce diversas funções: censura, tranqüiliza, distingue.

Em primeiro lugar, proíbe ao bloco ocidental, culpado por toda a eternidade, julgar, combater outros regimes, outros Estados, outras religiões. Nossos crimes passados nos intimam a manter a boca fechada. Nosso único direito é o silêncio. Oferece em seguida aos arrependidos o conforto da retirada. Reserva e neutralidade serão nossa redenção. Não mais intervir, não mais se engajar nas questões do nosso tempo a não ser sob a forma de aprovação dirigida aos que oprimimos no passado. E assim serão definidos dois Ocidentes: o bom, o da velha Europa que se entoca e se cala; o mau, o dos Estados Unidos que intervêm, que se metem em tudo.

Claro, não se formam impunemente gerações inteiras para a autoflagelação. Resultam efeitos negativos associados a seguros benefícios secundários. Um movimento que eu detectara em 1983[2] está se manifestando e se aprofundando hoje. Mas nós não estamos mais na época do soluço do homem branco, efêmera prosternação do antigo dominador diante de seus subjugados de ontem quando a Guerra Fria e a esperança ainda vivaz de uma revolução mundial galvanizavam

---

[2] Em *Le Sanglot de l'homme blanc. Tiers-Monde, culpabilité, haine de soi*, Seuil, 1983.

um continente colonizado em sua metade oriental pela URSS. O Velho Mundo, vítima de sua vitória sobre o comunismo, se desmobilizou depois da queda do Muro. Um ambiente de renúncia sucedeu à euforia do triunfo. Da África, da Ásia, do Oriente Médio, o mundo inteiro bate na porta da Europa, querendo se estabelecer ali no momento em que ela se mortifica em meio à vergonha de si. Compreender tal paradoxo, examinar nossa decrepitude moral, oferecer instrumentos teóricos para remediá-la, tal é a ambição deste livro.

I

Os mascates da fraqueza

"Cada um de nós é culpado diante de todos,
por tudo e eu mais do que os outros."

Dostoievski

O IRREMEDIÁVEL E O ABATIMENTO

O mundo inteiro nos odeia e nós bem merecemos: tal é a convicção da maioria dos europeus, ao menos no Oeste. Desde 1945, com efeito, nosso continente vem sendo perseguido pelos tormentos do arrependimento. Remoendo suas abominações passadas, as guerras, as perseguições religiosas, a escravidão, o imperialismo, o fascismo, o comunismo, ele não vê em sua longa história senão uma continuidade de morticínios e pilhagens que culminaram em dois conflitos mundiais, ou seja, em um suicídio entusiasta. Horrores inigualáveis, a industrialização da morte em grande escala nos campos nazistas e soviéticos, a promoção de saltimbancos sanguinários à categoria de ídolos das massas, a experiência do mal radical transformado em rotina burocrática, este é nosso balanço. E as maiores virtudes, o trabalho, a ordem, a disciplina, postos a serviço de fins assustadores, a ciência desonrada, a cultura ultrajada em suas pretensões, o idealismo desfigurado. A Europa, semelhante a um boxeador grogue, atordoado pelos socos que ele mesmo se assestou, sente-se suplantada por delitos pesados demais para carregar. Não há nação, a oeste ou a leste deste pequeno cabo asiático, que não tenha que fazer seu exame de consciência e cuja história não esteja cheia de cadáveres, sentinelas, torturas, exações. Tantas obras sublimes, altas metafísicas, filosofias delicadas para culminar em guerras civis, carnificinas, câmaras de gás, no Gulag. A Europa combinou de maneira inédita o pensamento calculista e o assassinato, construindo com método, com sistematismo, uma máquina de desumanizar que teve seu apogeu no século XX. Uma maldição escondida em nossa civilização corrompe seu sentido, ridiculariza sua grandeza. Os píncaros do pensamento, da música, das artes, todo esse luxo inútil e trágico tem como corolário os abismos da abjeção.

Em 1955, Claude Lévi-Strauss evocou com consternação em *Tristes trópicos*, a propósito dos índios do Brasil, "o monstruoso e incompreensível cataclismo que foi, para uma tão ampla e inocente fração da humanidade, o desenvolvimento da civilização ocidental"[1]. Esse sentimento de repulsa é testemunhado ainda hoje por inúmeros viajantes e teóricos. Quarenta anos depois de Lévi-Strauss, a constatação continua a mesma: "Nós temos coletivamente muitas razões para pedir perdão, explica o filósofo Jean-Marc Ferry (...). Devemos rememorar de uma maneira crítica o que infligimos de violências e humilhações a povos inteiros de todos os continentes para fazer triunfar nossa própria visão da humanidade e da civilização".[2] É ainda um especialista em história da Argélia que escreve, desolado: "Os franceses nunca consideraram a culpa como parte constitutiva de sua história".[3] É Edgar Morin que, em uma série de conferências em 2005, vê na Europa

[1] Claude Lévi-Strauss, *Tristes Tropiques*, Plon, 1955, p. 375. (Ed. bras.: *Tristes trópicos*. São Paulo: Companhia das Letras, 1996.)

[2] Jean-Marc Ferry, *Les Puissances de l'expérience*, Le Cerf, 2 volumes, Paris, 1991, p. 219.

[3] Benjamin Stora, *Les Aveux les plus durs*, em Patrick Weil e Stéphane Dufoix, *L'Esclavage, la colonisation et après*, PUF, 2005, p. 591.

pacificada e apenas nela o fermento de uma possível barbárie: "É preciso ser capaz de refletir sobre a barbárie européia para superá-la, pois o pior é sempre possível. No seio do deserto ameaçador da barbárie, estamos neste momento sob a relativa proteção de um oásis. Mas sabemos também que estamos em condições histórico-político-sociais que tornam o pior concebível, particularmente durante períodos paroxísticos."[4]

Que a Europa é o homem doente do planeta por ele infectado com sua pestilência, é do que todos os europeus devem estar convencidos. À pergunta "quem é culpado?" no sentido metafísico do termo, a vulgata responderá espontaneamente: nós. O Ocidente, essa aliança do Velho e do Novo Mundo, é a máquina sem alma e sem dono que pôs "a humanidade a seu serviço". Ele vive doravante a hora da "revanche dos cruzados" (*sic*) e quer exportar para toda parte suas paixões desenfreadas.[5] Não existem monstruosidades na África, na Ásia ou no Oriente Médio de que ele não seja culpado:

> *O Terceiro Mundo é o exutório das paixões desencadeadas pelo jogo desregrado das concorrências não dominadas. Na origem das grandes carnificinas delirantes do Terceiro Mundo, que lançam o pavor dentro das choças e confirmam nossa convicção da barbárie do Outro, encontram-se as frustrações criadas pelo Ocidente. Os exemplos são numerosos: o pacífico Camboja mergulhado em um genocídio inaudito em seguida à intervenção americana, o Irã privado de sua revolução burguesa de Mossadegh por uma intervenção anglo-americana, até o*

[4] Edgar Morin, *Culture et barbarie européennes*, Bayard, 2005, p. 92.

[5] Serge Latouche, *L'Occidentalisation du monde*, 1992, 2005 para a nova edição, La Découverte, pp. 26 e 27.

terrorismo cego dos seqüestros, piratarias, captura de reféns suscitados pelo pesadelo do Oriente Médio.[6]

O extermínio está "no cerne do pensamento europeu" (Sven Lindqvist) e seu imperialismo é "um processo necessário biologicamente que, segundo as leis da natureza, conduz à eliminação inevitável das raças inferiores"[7]. Se o Ocidente, "provavelmente, só pôde fabricar computadores porque em algum lugar pessoas morriam de fome e de desejos"[8], a conclusão se impõe: é preciso resistir por todos os meios ao seu poder desintegrador.

A IDEOLOGIA QUE GAGUEJA

A Europa contra si mesma: o antiocidentalismo, sabe-se, é uma tradição européia que vai de Montaigne a Sartre e que instila o relativismo e a dúvida em uma boa consciência segura de suas prerrogativas. Era preciso uma certa audácia, antigamente, para denunciar a barbárie dos Conquistadores sob Las Casas ou a missão civilizadora das grandes potências à época dos impérios. No presente, para atacar a Europa, só é preciso ser um pouco maria-vai-com-as-outras. Assim, em 1925, em plena Guerra do Rif no Marrocos, efetuada pelas tribos rebeldes de Abd el-Krim contra as tropas francesas e espanholas,

---

[6] Serge Latouche, op. cit., p. 77.

[7] Sven Lindqvist, *Exterminez toutes ces brutes, L'odyssée d'un homme au cœur de la nuit et les origines du génocide européen,* Paris, Le Serpent à Plumes, 1998 (original em sueco 1992). Citado por Géraldine Faes, Stephen Smith, *Noir et Français,* Panama, Paris, 2006, pp. 324-325.

[8] Serge Latouche, op. cit., p. 120.

Louis Aragon, então com vinte e oito anos de idade, pronunciou em Madri, diante de uma platéia de estudantes, uma conferência tão magnífica quanto insensata, vibrante de furor:

> *Venceremos todas as resistências. E para começar arruinaremos esta civilização que lhes é cara, na qual vocês foram moldados como fósseis dentro do xisto.*
>
> *Mundo ocidental, você está condenado à morte. Nós somos os derrotistas da Europa... Que o Oriente, o terror de vocês, lhes dê finalmente a resposta. Nós despertaremos em toda parte os germes da confusão e do mal-estar. Nós somos os agitadores do espírito.*
>
> *Todas as barricadas servem, todos os entraves à nossa felicidade são malditos. Judeus, saiam dos guetos. Deixemos o povo com fome a fim de que conheça finalmente o gosto do pão e da cólera. Mexa-se, Índia de mil braços, grande Brahma legendário. É sua vez, Egito! E que os traficantes de droga se atirem sobre nossos países apavorados... Insurja-se, mundo! Vejam como esta terra é seca e boa para todos os incêndios. Ela parece de palha.*
>
> *Podem rir. Somos os que vão sempre dar a mão ao inimigo...*[9]

Oitenta anos depois, a mesma idéia é enunciada de forma banal, como um auto de constatação: congratulando-se pelo fato de, em toda parte, multiplicarem-se as resistências à nossa dominação, o economista e filósofo Serge Latouche afirma que "a morte do Ocidente não será necessariamente o

---

[9] *La Révolution surréaliste*, nº 4, citado por André Reszler, *L'Intellectuel contre l'Europe*, PUF, 1976, p. 81.

fim do mundo", mas, ao contrário, "a condição de desenvolvimento de novos mundos, de uma nova civilização, de uma nova era"[10]. Nesse entretempo, a contestação se degradou transformando-se em automatismo, o júbilo destruidor se converteu em linguajar de burocrata indiferente.

Impossível, a esse respeito, não experimentar um estranho sentimento de *remake*, como se os velhos chavões dos anos 60 voltassem a nos perseguir. Seria desconhecer um ponto fundamental: da mesma forma que a idéia comunista recupera a sedução à medida que a lembrança da URSS se apaga, o terceiro-mundismo floresce de novo em cima do esquecimento do maoísmo, dos *khmers* vermelhos, das guerrilhas sul-americanas. É de fato a falência dessas utopias concretas que explica o ressurgimento da doutrina, repentinamente liberada da prova do real. As ideologias não morrem jamais, elas se metamorfoseiam e renascem sob uma aparência nova quando se pensa que tinham sido enterradas para sempre: o fracasso, longe de servir de cela de cura de bebedeira, faz recomeçar a embriaguez. Ao rosto afligido do colonizado sucedeu com efeito o rosto aflito do descolonizado que enfileira há quarenta anos desencantos e fiascos: o Grande Timoneiro e seus 70 milhões de mortos, os massacres em massa de Pol Pot, a repressão vietnamita e o êxodo dos *boat people*, a ditadura de Saddam Hussein, o delírio obscurantista dos mulás do Irã, o fascismo cubano, a Guerra Civil argelina, a derrota dos diversos socialismos tropicais, sem contar a corrupção, o empobrecimento, o esbanjamento, o nepotismo.

O coração das trevas há meio século deixou de ser a epopéia colonial, passou a ser a África independente, "esse

[10] Serge Latouche, op. cit., p. 158.

coquetel de desastres", como a qualificou Kofi Annan em 2001: o reino assassino do Négus Rouge, Mengistu, as bufonarias macabras de Amin Dada, de Sekou Touré ou de Bokassa, a demência de Samuel Doe e de Charles Taylor na Libéria, os diamantes de sangue de Foday Sankho em Serra Leoa, inventor da mutilação *short sleeve*, no cotovelo, e *long sleeve*, no ombro, a utilização de crianças-soldados, meninos matadores, espancados, drogados, os campos de detenção, os estupros coletivos, sem esquecer o conflito interminável entre a Etiópia e a Eritréia, as guerras civis no Tchad, no Sudão, na Somália, em Uganda, na Costa do Marfim, as práticas antropofágicas no Congo, os crimes contra a humanidade no Darfur e, *last but not least*, o genocídio de Ruanda e a Guerra dos Grandes Lagos africanos com seus três a quatro milhões de vítimas desde 1998. A descolonização foi um grande processo de igualdade democrática: os escravizados de ontem alçaram-se em alguns anos ao mesmo nível de bestialidade de seus antigos mestres. Únicas exceções marcantes neste sombrio quadro: a África do Sul, o Botswana, os pequenos e grandes dragões da Ásia, assim como a irrupção da Índia e da China, todas duas adeptas do capitalismo, revanche dos ladrões de fogo contra os antigos dominadores.

O que a multidão de jovens gritava para Jacques Chirac durante a primeira visita depois da descolonização da Argélia de um presidente da República francês em 2004? "Vistos, vistos". Um espírito maldoso diria: eles nos expulsaram e agora querem vir para nossa casa! Não está em discussão a legitimidade das independências, ao contrário, mas o fato explica esta verdade perturbadora: que a Europa fez seu luto das colônias muito mais depressa do que os ex-colonizados fizeram seu luto da Europa. Uma vez que esta última não mergulhou de corpo e alma dentro das convulsões da descolonização, desmentindo os que relacionavam sua riqueza à pilhagem do Sul, à troca desigual, só resta insistir sem descanso em sua perversidade. Como o globo a partir de agora, graças às mídias, consiste em uma casa de vidro na qual cada um conhece mais ou menos a condição dos outros, a doença da comparação acelera a concorrência entre os povos. Com o velho sonho de salvação das nações proletárias provisoriamente suspenso (mesmo que se queira reconstituir na América do Sul um *front* antiimperialista guiado pelo presidente venezuelano Hugo Chávez), voltamos às retóricas da recriminação, tanto mais que a ofensiva mundial do islã e o desespero de muitos imigrados concedem a esses discursos uma legitimidade nova. Curioso exemplo de terceiro-mundismo que sobrevive ao desaparecimento do Terceiro Mundo como entidade autônoma. O primeiro a se evaporar nos anos 80 foi o de projeção, fomentador de regimes que supostamente encarnavam o novo Éden revolucionário. O de hoje é de introspecção, voltado contra si: odiamos a nós mesmos muito mais do que amamos os outros. O mal-estar, não sendo mais sustentado por um projeto político, corrói por dentro a consciência ocidental. Mudança de escala, retraimento de horizontes.

OS FLAGELANTES DO MUNDO OCIDENTAL

Em 1947, Maurice Merleau-Ponty, ainda simpatizante dos comunistas, tentou compreender a lógica dos processos de Moscou que levaram Stalin, dez anos antes, a eliminar seus antigos companheiros rebatizados de inimigos do povo.[11] Mesmo inocentes das acusações que lhes são imputadas, esses bolcheviques ferrenhos confessam seus erros, acusam-se de males imaginários. Inventam para si toda sorte de traições contra o proletariado e morrem confiantes no futuro da Revolução. Guardadas as devidas proporções, a mentalidade da inculpação subsiste em nós como um reflexo, na maneira como nos fustigamos espontaneamente diante das desgraças do planeta. O europeu médio, homem ou mulher, é um ser de uma sensibilidade extrema, sempre pronto a atribuir a si a pobreza da África, da Ásia, a se compadecer das desgraças do mundo, a atribuir a si a responsabilidade, sempre se perguntando o que pode fazer pelo Sul em vez de se perguntar o que o Sul pode fazer por ele mesmo.

Depois da tarde do dia 11 de setembro de 2001, boa parte de nossos concidadãos, a despeito de uma simpatia evidente pelas vítimas, disse a si mesmo que os americanos colheram o que plantaram. A fina flor da *intelligentsia* européia engajou-se imediatamente nessa via com um luxo de sutilezas retóricas: os piratas que haviam abatido as torres do World Trade Center não eram senão os agentes de um implacável castigo. Vimos então florescer os pequenos Neros que aplaudiram o duplo atentado, nele enxergando a execução de uma justiça imanente. Um troco recebido, o restabelecimento de um equilíbrio desfeito por uma dissimetria excessiva, foi assim que Jean Baudrillard interpretou numa justificativa um tanto religiosa da vingança:

[11] Maurice Merleau-Ponty, *Humanisme et terreur*, introdução de Claude Lefort, NRF, Gallimard, 1980.

> *Quando a situação é desse modo monopolizada pela potência mundial, quando o que há é uma formidável condensação de todas as funções pela maquinaria tecnológica e pelo pensamento único, que outra via existe senão uma transferência terrorista de situação? É o próprio sistema que cria as condições objetivas para essa retaliação brutal. Recolhendo para ele todas as cartas, força o Outro a mudar as regras do jogo (...) terror contra terror, não há mais ideologia por trás disso tudo.*[12]

Mas os atentados de 11 de março de 2004 em Madri (200 mortos) provaram que também os europeus tinham interiorizado o erro: a decisão do novo governo de esquerda de Zapatero (que há muito tempo se engajara nesta linha de pensamento) de retirar as tropas espanholas do Iraque fez com que se acreditasse que ele se curvava às exigências dos colocadores de bombas, e que a carnificina da estação de Atocha tivera como causa o engajamento de Madri do lado de Washington na Segunda Guerra do Golfo (embora células terroristas tivessem continuado a fomentar ataques bem depois da retirada, sob o argumento da perda da Andaluzia muçulmana no século XV). Lembremo-nos de que, em Madri, um milhão de pessoas fizeram uma manifestação sem um grito de ódio contra os árabes, contentando-se em vaiar José Aznar que os havia arrastado contra a vontade ao Iraque e acusara sem razão a organização separatista basca, o ETA.

---

[12] Jean Baudrillard, *Le Monde*, 2 de novembro de 2001. Note-se que, em uma entrevista para *VSD*, Ilich Ramírez Sánchez, dito Carlos, preso em Paris por atos terroristas, disse nada menos: "Ao aumentar constantemente o limiar de violência hegemônica, a América deve esperar uma réplica proporcional." Citado em Carlos, *L'Islam révolutionnaire*, observações coletadas por Jean-Michel Vernochet, Éditions du Rocher, 2003.

O massacre ainda hoje continua sendo atribuído ao líder da direita popular, elevado à categoria de bode expiatório cômodo, o que evita que se reflita sobre suas causas reais. As bombas que explodiram em Londres no dia 7 de julho de 2005, causando por sua vez perto de 60 mortes, ensejaram também toda uma retórica de expiação. No dia seguinte, *Le Parisien*, não especialmente reputado por seu esquerdismo, dava em manchete: "Al Qaeda puniu Londres" (o jornal pediu desculpas em seguida por esta frase). O prefeito de Londres, Ken Livingston, homem de esquerda convicto, conhecido por sua antiga hostilidade a Israel, condenou os atentados mas explicou pouco depois que era preciso "deixar os países árabes livres", esquecendo-se talvez de que os terroristas eram em sua maioria cidadãos britânicos de origem paquistanesa:

> *Os atentados suicidas provavelmente não teriam ocorrido se o Ocidente tivesse deixado os países árabes livres para tomar suas decisões depois da Primeira Guerra Mundial. Eu penso que nós tivemos vinte anos de intervenção ocidental em países majoritariamente árabes por causa da necessidade de petróleo do Ocidente (...) Se no final da Primeira Guerra Mundial nós tivéssemos feito o que prometêramos aos árabes, ou seja, deixá-los livres para ter seus próprios governos, e se tivéssemos ficado fora de seus negócios, simplesmente comprando seu petróleo (...) eu acho que isto não teria acontecido.*[13]

Inverter o ônus da prova, fazer de civis destroçados, vítimas do ferro e do fogo, culpados involuntários, é o que consegue também o escritor britânico John Le Carré. Lamentando

[13] *Le Monde*, 21 de julho de 2005.

que não exista na Grã-Bretanha nem nos Estados Unidos, na prática, "nenhuma oposição parlamentar" (*sic*), ele vê as origens do terrorismo nas frustrações e nas humilhações passadas e presentes:

> *O fato de as comunidades terem sido durante muito tempo exploradas faz nascer nelas um desejo de vingança, por mais psicótico e errôneo que seja. Para compreender o que produz essa psicose que conduz a querer "matar, matar, matar", basta observar as comunidades.*[14]

Um sociólogo francês, Farhad Khosrokhavar, explica os atentados como sendo o produto da humilhação do mundo árabe-muçulmano em geral, "em decorrência da criação de Israel, do sentimento de que o islã se tornou a religião dos oprimidos".[15] Um outro sociólogo, François Burgat, numa entrevista à AFP em 13 de julho de 2005, confirma essa análise: sem a impressão de injustiça em relação ao conflito entre Israel e a Palestina experimentada pelas massas árabes e a percepção de dois pesos e duas medidas no tratamento político de Israel e do Iraque, tais acontecimentos jamais se teriam produzido.

Não tenhamos dúvidas: se amanhã, por infelicidade, terroristas fizessem ir pelos ares o metrô parisiense, a torre Eiffel ou a Notre-Dame, o mesmo raciocínio prevaleceria. As boas almas de direita ou de esquerda nos intimariam a fazer nosso mea-culpa: estão nos surrando, portanto somos culpados, ao passo que nossos agressores são na realidade miseráveis

---

[14] Idem.

[15] *Le Monde*, 27 de julho de 2005.

protestando contra nossa riqueza insolente, nosso modo de vida, nossa economia predadora. Espontaneamente damos razão a nossos adversários no julgamento que fazemos a respeito de nós mesmos. Após cada explosão, vem a inquietação causal, o engarrafamento das explicações para as quais se invoca o conjunto dos problemas que afetam o mundo, pois temos pressa em colocar motivações dentro da boca dos *jihadistas*, mesmo que desaprovemos seus métodos. E, para resistir ao seu angustiante mutismo, falamos em seu lugar, nós lhes sopramos as réplicas: "Quem são nossos inimigos?" pergunta Dominique de Villepin. "As feridas do mundo são múltiplas. Por hábito, por fraqueza, por medo, é tentador confundir tudo, numa teimosa obstinação contra um adversário diabólico."[16] Mas não elegemos nossos inimigos ao nosso bel-prazer ou segundo nossas convicções, são eles que nos designam como tais, nos assestam golpes quando assim o desejam, se obstinam em nos destruir. Donde o sentimento de uma certa esquizofrenia na velha Europa: combatemos ao lado dos Estados Unidos um terrorismo do qual não paramos de negar ou de minimizar a importância. Para uns, ele constitui "uma trapaça intelectual" (Pascal Boniface, *Le Nouvel Observateur*, 18 de dezembro de 2005) destinada a nos colocar na dependência de Washington, para outros, como o primeiro-ministro espanhol, José Luis Zapatero, é preciso levar o gosto pelo eufemismo até a recusa em nomear o perigo: "Eu nunca falo de terrorismo islâmico, só falo de terrorismo internacional. Não se pode englobar em uma mesma denominação centenas de milhões de pessoas e uma religião que, como todas as religiões da história da humanidade,

[16] Dominique de Villepin, *Le Requin et la Mouette*, Plon, 2004, p. 113.

comporta uma parte de fanatismo religioso."[17] Em sua denegação, nossos dirigentes convidam, pois, a Europa a atacar as raízes do mal, que são "a injustiça, o ressentimento e a frustração" (Dominique de Villepin). Não se trata de combater, mas de "procurar compreender" o outro, pois "conhecê-lo é fundamental" e "o uso da força não leva a lugar nenhum" (Mário Soares).

Mas esta série de interpretações sofre de um importante inconveniente: confundir o pretexto e a causa. O terrorismo, é verdade, se acrescenta às patologias existentes e as determina e intensifica, uma vez que não encontram saída. Sua motivação suprema, contudo, é a hostilidade que os fanáticos manifestam pelo princípio da sociedade aberta na qual se reconhece a igualdade formal para todos. É nossa existência tal como ela é que lhes é intolerável. Mas esta própria constatação é intolerável para nós: a fim de permanecer no círculo da razão, acalentar a idéia de que "mesmo os inimigos da razão devem ser razoáveis" (Paul Berman), precisamos a qualquer preço atribuir argumentos aos matadores, correndo o risco de parecer justificar seus atos.

Assim como existem pregadores de ódio no islamismo radical, existem pregadores de vergonha em nossas democracias, sobretudo entre as elites pensantes, e seu proselitismo não é menor. A se crer neles, estamos longe de ser inocentes, nós que deixamos acontecer, por um simples jogo de relações de força, a fome, a aids, a submedicação:

> *E quanto ao terrorismo*, explica Jacques Derrida a propósito do 11 de setembro, *será que ele diz respeito somente*

[17] Entrevista ao *Le Monde*, 29 de junho de 2004.

> *à morte? Não se pode aterrorizar sem matar? E quanto a matar, é necessariamente "fazer morrer", será que "deixar morrer", não querer saber que se está deixando morrer (centenas de milhões de seres humanos, de fome, de aids, de não-medicação etc.) não pode fazer parte de uma estratégia terrorista "mais ou menos" consciente e deliberada? É errado supor levianamente que todo terrorismo é voluntário, consciente, organizado, deliberado, intencionalmente calculado: há situações históricas ou políticas nas quais o terror opera, se podemos dizer, por si mesmo, através do simples efeito de um dispositivo, através das relações de força estabelecidas, sem que ninguém, nenhum sujeito consciente, nenhuma pessoa se sinta consciente ou se considere responsável. Todas as situações de opressão estrutural, social ou nacional, produzem um terror que nunca é natural (que é portanto organizado, institucional) e do qual elas dependem sem que nunca os que se beneficiam tenham que organizar atos terroristas e nem sejam tratados como terroristas.*[18]

Vocês leram bem: somos todos terroristas potenciais, em maior ou menor grau, semeamos a morte como Monsieur Jourdain* fazia prosa sem saber! Lógico, depois desse raciocínio implacável, Jacques Derrida declarará *in fine* sua preferência pela democracia. Nada impede: ao escancarar nossas mil cumplicidades inconscientes com o horror, ele provou que o crime é o fato mais partilhado no mundo. Um certo tipo de

---

[18] Giovanna Borradori, *Le concept du 11 septembre, Dialogues avec Jacques Derrida et Jürgen Habermas*, Galilée, 2004, pp. 162-163.

* Observação de M. Jourdain a seu mestre de filosofia, personagens da peça de Molière, *Le Bourgeois gentilhomme [O burguês gentil-homem]*. (N.T.)

cinema, aliás, popularizou a imagem de famílias respeitáveis de cidadezinhas tranqüilas que escondem um segredo pavoroso, uma entidade maléfica. A suspeita corrói nossas paisagens mais idílicas. Onde acreditamos ver uma oposição aos fundamentalistas, é preciso admitir uma equivalência. Em vez de nos indignarmos de forma banal com as explosões, comecemos por nos interrogar sobre nós mesmos, por nos dissecar sem tabus. Tudo isso, no fundo, não fomos nós que buscamos um pouco? Sob a aparência de uma análise complexa, encontramos aqui a postura evangélica típica: a autoacusação, a fustigação pública. Como bons herdeiros da Bíblia, julgamos que uma grande desgraça decorre necessariamente de uma grande infração. No que a casta intelectual, em nossas terras, é de fato a casta penitencial por excelência, continuadora do clero no Antigo Regime. Seus membros devem ser chamados pelo próprio nome: funcionários do pecado original. Em seu furor de desfazer as aparências, não param de insistir em nossa ingenuidade. Vocês acreditam em um antagonismo radical entre os Estado Unidos e a Al Qaeda? Que infantilidade: eles são cúmplices. O que é o terrorismo afinal de contas? Um simples acerto de contas entre Estados delinqüentes, a América inclusive, uma vez que tudo se equivale:[19]

> *Uma poderosa racionalização estaria em curso, consciente ou inconsciente no seu cálculo. Ela consiste em acusar e partir em campanha contra os Estados ditos delinqüentes (*Rogue States*) e efetivamente pouco preocupados com o direito inter-*

[19] Jacques Derrida, *Voyous*, Galilée, 2003, pp. 214-215.

nacional. Essa racionalização é manobrada pelos Estados hegemônicos, a começar pelos Estados Unidos que, como vem sendo demonstrado (Chomsky não foi o único a fazê-lo), não é de hoje, se comportam eles mesmos como Rogue States. *Todo Estado soberano está de resto virtualmente, e* a priori, *pronto para abusar de seu poder e transgredir como um Estado delinqüente o direito internacional. Há algo de Estado delinqüente em qualquer Estado.*

UMA SEDE DE PUNIÇÃO

Pobre Europa: hoje como ontem, emana dela um fedor de carniça, seu passado adere a seu presente como uma lepra. O que quer que ela faça, ele volta como se fosse um sintoma. Tomem por exemplo as zonas de espera onde ficam retidos os estrangeiros em situação irregular e os que estão pedindo asilo. É claro que não são comparáveis aos campos nazistas. Ainda assim possuem, no seio de nossas sociedades democráticas, certos traços essenciais que definem o paradigma do campo de concentração, ou seja, segundo Giorgio Agamben, "um espaço que se abre quando a exceção começa a se tornar a regra (...) são lugares de não-direito" (Enzo Traverso)[20]. Em vista disso, como se surpreender que tenhamos que suportar o fogo dos céus, a cólera dos loucos por Deus? Como ousamos julgar as diversas barbáries que devastam a humanidade, nós que demos provas de uma "selvageria sem igual" na

[20] Enzo Traverso, *Le Passé, modes d'emploi*, La Fabrique, 2005, p. 84.

história? (Mariella Villasante Cervello[21]) Pagamos uma mácula imemorial, somos responsáveis retroativamente por horrores cometidos por nossos ancestrais ou pelos outros homens. É o caso de dizer com o salmista:

"Oh Deus, purificai-me das faltas que ignoro e perdoai-me pelas dos outros." (Salmo XVIII) Mais uma vez, admiremos o talento com o qual a culpa é recriada, reinventada pela classe dos filósofos. Pois nascer europeu é carregar em si todo um fardo de vícios e baixezas que nos marcam como estigmas, é reconhecer que o homem branco semeou o luto e a ruína por toda parte onde botou o pé. *Para ele, existir é antes de mais nada desculpar-se.* A ferocidade é branca, como diz a advogada originária da Colômbia Rosa Amelia Plumelle-Uribe no próprio título de seu livro, branca e não negra ou vermelha: o homem branco é geneticamente determinado para matar, massacrar, violar, ele faz do resto da humanidade uma dissidência só para poder sujeitá-la. É mais forte do que ele. Sua cor de pele não é somente uma questão de pigmentação, é um defeito moral, uma tara inexpiável, como explica no prefácio dessa obra o professor Louis Sala-Molins ao denunciar "a voracidade negocista (...) das nações branco-americanas da cristandade" e ver toda a aventura branca como "uma espiral ininterrupta de horror"[22].

---

[21] Mariella Villasante Cervello, *La Négritude: une forme de racisme héritée de la colonisation française?*, em Marc Ferro, *Le Livre noir du colonialisme, XVIe-XXIe siècle: de l'extermination à la repentance*, Hachette, col. "Pluriel", 2004, p. 1.018.

[22] Rosa Amelia Plumelle-Uribe, *La Férocité blanche, des non-Blancs aux non-Aryens, ces génocides occultés de 1492 à nos jours*, Albin Michel, 2001, prefácio de Louis Sala-Molins, p. 9s.

Afinal, o que é o Ocidente? A própria figura de Satã cuja presença maligna corrompe todas as coisas, uma vez que "tem seu centro em toda parte e sua circunferência em parte alguma" e está dentro da cabeça "de um guerreiro da Papuásia, de uma vendedora de tanga de Cotonu, de um imame de Kum", assim como dentro da cabeça de um especulador da Bolsa de Valores de Londres ou de um operário da Renault.[23] Quem reivindicar essa condição se torna além do mais *persona non grata*.[24] Vertigem do panorama: a explicação por intermédio do Ocidente permite abarcar a totalidade do real. O euro-americano é ao mesmo tempo maldito e indispensável: graças a ele tudo se torna claro, o mal tem um rosto, o canalha é universalmente designado. Culpa biológica, política, metafísica. E, uma vez que não acreditamos mais no reino da redenção, uma vez que a Ásia, a África, a América Latina deixaram (provisoriamente?) de ser os territórios da redenção, só nos resta persistir na execração até a náusea.

---

[23] Serge Latouche, op. cit., pp. 84-85.

[24] Segundo as palavras de um universitário quebequense interrogado por Antoine Robitaille do jornal de Montreal *Le Devoir* (26 de maio de 2006): "Dizer-se ocidental, reconhecer uma espécie de orgulho em pertencer a esse conjunto equivale praticamente, para muitos, a confessar-se um criminoso. É fazer parte de uma civilização que, não faz tanto tempo, se considerava a civilização que colonizou povos, organizou tráficos de escravos e que hoje (...) estaria prosperando graças a um comércio absolutamente injusto e, ainda por cima, cujo modo de vida estaria preparando um apocalipse ambiental." Antoine Robitaille, "Le Choc des cultures, Peut-on se dire occidental et fier de l'être?", *Le Devoir*, 26 de maio de 2006.

O ISLAMO-ESQUERDISMO OU O ENGODO RECÍPROCO

"Hoje, diante da ameaça que pesa sobre a Civilização, existe uma resposta: o islã revolucionário! Só homens e mulheres armados de uma fé total nos valores fundadores de verdade, justiça e fraternidade estarão aptos a conduzir o combate e a livrar a humanidade do império da mentira."[25] Essas frases do terrorista Carlos ilustram um dos fenômenos mais surpreendentes dos últimos anos: a fusão entre a extrema esquerda atéia e o radicalismo religioso. O filósofo iraniano Daryus Shayegan foi quem, a partir de 1982, melhor teorizou a colisão entre a razão histórica e a revelação intemporal, "a ideologização da tradição", a sobreposição de duas ordens incompatíveis, tal como a expõe o pensador xiita do século XX, Ali Shariati, ao unir categorias marxistas a um ciclo profético e fazer operar, de alguma maneira, a secularização do islã.[26] O islamo-esquerdismo foi pensado notadamente pelos trotskistas ingleses do Socialist Worker's Party: constatando que a religião do profeta, embora reacionária, é um fator de convulsão e não de passividade no coração de nossas sociedades, eles apregoam uma infiltração racional, alianças táticas e provisórias com ela sobre determinados temas. A esperança, para uma minoria revolucionária, de ver o islã se transformar em ponta de lança de uma nova insurreição em nome dos oprimidos não se dá sem segundas intenções recíprocas: trotskistas, opositores da globalização e terceiro-mundistas servem-se dos islamistas como de um aríete contra o capitalismo liberal. O ódio ao mercado vale bem algumas transações com os direitos fundamentais, sobretudo os de igualdade homem/mulher. Os integris-

[25] Ilich Ramírez Sánchez, dito Carlos, *L'Islam révolutionnaire*, op. cit., p. 15.
[26] Daryus Shayegan, *Qu'est-ce qu'une révolution religieuse?* 1982, Albin Michel, nova edição com prefácio inédito, 1991.

tas, disfarçados de amigos da tolerância, praticam a dissimulação e se servem da esquerda para avançar seus peões sob a máscara de uma retórica progressista. Dupla impostura: uns apóiam o véu ou a poligamia em nome da luta contra o racismo e o neocolonialismo. Outros fingem atacar a globalização para impor sua versão da fé. Duas correntes de pensamento unem elos temporários contra um inimigo comum: não é difícil prever qual esmagará o outro uma vez alcançados os objetivos. A intransigência esquerdista que recusa qualquer compromisso com a sociedade burguesa e não tem palavras suficientemente duras para fustigar os "branquinhos" colabora ativamente com os elementos mais reacionários de confissão muçulmana. Mas, se a extrema esquerda corteja com tamanha constância essa teocracia totalitária, talvez seja menos por oportunismo do que por real afinidade. Ela, que até hoje não fez o luto do comunismo, demonstra mais uma vez que sua verdadeira paixão não é a liberdade, mas a servidão em nome da justiça.

II

As patologias da dívida

"Ele perdeu toda esperança no Paraíso
mas se agarra à esperança maior na
danação eterna."
Virginia Woolf

"Eis que morre a Europa dos Impérios,
e é a agonia de uma princesa lastimável."
Léopold Sédar Senghor, 1960

Um professor francês expatriado no Líbano, chocado com as caricaturas de Maomé durante o inverno de 2006 e constatando as devastações que elas exerceram sobre seus alunos, escreve ao jornal *Le Monde* para manifestar sua indignação e conclui com estas palavras: "Continuamos a ser os donos do mundo e parecemos ter esquecido as sensibilidades dos que não o são."[1] Nós somos os donos do mundo! Vinda de um Disraeli ou de um Jules Ferry, há mais de um século, a frase não causaria espanto. Mas hoje, em um jornal de esquerda, quanta presunção! Veremos que essa vontade de poder se nutre paradoxalmente nas fontes de uma contrição inextinguível.

COLOCAR O INIMIGO NO CORAÇÃO

A Europa com certeza gerou monstros: com o mesmo gesto gerou teorias que permitem pensar e destruir os

[1] Robert Solé, *Le Monde*, Courrier du médiateur, 19-20 de fevereiro de 2006.

monstros. Por ter levado ao mais alto grau, desde os Conquistadores, a aliança do progresso e da crueldade, do poderio técnico e da agressividade, por ter conhecido séculos de desregramentos sangrentos, tornou-se também de uma extrema sensibilidade às loucuras da espécie humana. Ela se encarregou de dar continuidade ao trabalho dos árabes e dos africanos, instituindo o tráfico negreiro transatlântico, mas também engendrou o abolicionismo e deu fim à escravatura antes das outras nações. Ela cometeu o pior e criou os meios para erradicá-lo. A singularidade da Europa é um paradoxo levado ao extremo: da ordem medieval nasce o Renascimento, da feudalidade, a aspiração democrática, da opressão da Igreja, o Iluminismo. As guerras de religião vão favorecer a idéia laica, os antagonismos nacionais, a esperança de uma comunidade supranacional, as conquistas no ultramar vão suscitar o anticolonialismo, as revoluções do século XX, o movimento antitotalitário. A Europa, parecida com um carcereiro que joga você na prisão mas deixa cair nas suas mãos as chaves da cela, traz para o mundo, ao mesmo tempo, o despotismo e a liberdade. Ela enviou o militar, o mercador, o missionário para subjugar e explorar as terras longínquas,[2] ela também inventou a antropologia, que é uma certa maneira de se ver com os olhos do estrangeiro, de pensar o outro

[2] Ao contrário da imagem por muito tempo disseminada, o missionário esteve muito longe de ser o auxiliar complacente do administrador. A convivência foi tumultuada entre a propagação da fé e os interesses da metrópole. Donde o papel importante desempenhado pelas Igrejas na descolonização, exceto em Portugal, onde o acordo de 7 de maio de 1940 colocava as missões católicas sob o controle do Estado. Ver Marcel Merle, "L'Anticolonialisme", em Marc Ferro, *Le Livre noir du colonialisme*, op. cit., p. 815s.

em si e de pensar a si no outro, em suma, de se separar do que se é próximo para se aproximar do que se é separado.

A República francesa, para falar dela, cometeu abominações. Foi também graças à República que deixamos de cometê-las, quando finalmente ela pôs seus atos de acordo com seus princípios. A aventura colonial morreu de uma dupla contradição: infligir a populações longínquas nossos usos particulares decorando-os com a máscara do universal. Impor o *pastis** e a *baguette* de pão aos africanos e o *pudding* aos indianos é praticar imperialismo junto com tribalismo. Finalmente, ao sujeitar continentes inteiros às leis de uma metrópole que lhes inculcava por outro lado a idéia nacional e o direito de autodeterminação dos povos, britânicos, franceses e holandeses entregavam aos povos dominados os instrumentos de sua emancipação. Os colonizados, ao reclamar a independência, não fizeram senão virar contra os mestres as regras que estes lhes ensinaram ao lhes oferecer, não intencionalmente, as armas com que seriam expulsos. Sabemos, por exemplo, que foi em nome dos direitos do homem e do cidadão que os escravos do Haiti e de Santo Domingo se insurgiram no final do século XVIII, discutindo "os fundamentos de um novo contrato social sobre a base da abolição da escravatura, da igualdade da epiderme e da destruição da sociedade colonial"[3]; que os novos chefes históricos da FLN argelina de 1954 eram todos produtos da escola francesa, nutridos com os ideais revolucionários que iam incitá-los a se rebelar contra Paris?

* *Pastis*: bebida alcoólica aromatizada com anis. (N.T.)

[3] Florence Gauthier citada por Michel Giraud em Weil e Dufoix, *L'Esclavage, la colonisation et après*, op. cit., p. 538.

É preciso distinguir aqui o colonialismo — que nós, modernos, consideramos condenável por princípio, assim como o fascismo e o comunismo — da colonização, que foi diversa e complexa, nefasta e benéfica ao mesmo tempo, cuja crônica resulta do trabalho escrupuloso dos historiadores no que diz respeito aos fatos e às nuances. Ela não chegou a impedir, de todo modo, que fossem tecidos laços nem que se mantivessem relações de estima e amizade meio século depois de sua liquidação. Na qualidade de franceses, e passados dois mil anos, podemos sustentar que a invasão da Gália pelos romanos foi afinal uma coisa boa e que, sem a derrota de Vercingetórix diante de César em Alésia, sem a infusão da cultura greco-latina em nosso território, teríamos continuado a ser por muito tempo uma miríade de tribos de costumes rudes, de cultos obscuros. Da mesma maneira, a tutela árabe sobre a Espanha até o século XV permitiu a eclosão de uma extraordinária civilização e o próprio Império otomano não teria durado tanto tempo se não tivesse representado, sob certos aspectos, um autêntico progresso. Nada impede que, tanto num caso como no outro, as nações tenham se insurgido contra esse domínio estrangeiro e o tenham destruído.[4] No colonialismo, os povos ocupados são infantilizados, rebaixados, humilhados, ao mesmo tempo que as potências

[4] Freqüentemente se esquece: conquistas e expansionismos não foram ações somente da Europa. Todas as grandes civilizações — os persas, os mongóis, os chineses, os astecas, os incas — foram colonizadoras. Os muçulmanos invadiram a Pérsia, a Índia, a Ásia do sudeste, o Sudão, o Egito, destruindo as religiões locais, massacrando os resistentes. Mas disso pouco se fala na historiografia oficial. Sintomática desse estado de espírito, a excelente compilação realizada por Marc Ferro dos crimes do colonialismo não diz uma única palavra sobre a conquista árabe nem sobre o Império otomano. Politicamente correto, quase uma mania!

ocupantes perdem a alma, pisoteiam seus princípios, sofrem uma corrupção de sua substância. Hoje lemos com assombro os escritos coloniais justificando a elevação das "raças inferiores pelas raças superiores" (Jules Ferry), e também nos parece insensata a teimosia de uma certa esquerda durante a Quarta República (Guy Mollet, François Mitterrand, Robert Lacoste) em querer manter a Argélia no colo francês. É pouco dizer que desaprovamos, seguimos outro caminho. E é por isso que a tentativa de domínio de uma facção islã revanchista — a dos vaabitas sauditas e dos Irmãos muçulmanos — sobre as sociedades européias assemelha-se a um empreendimento colonial, e deve ser reprimida. Ou o islã vai se tornar uma religião entre outras em nossos países, ou vai se chocar com uma firme resistência da parte dos homens livres, exasperados com o jugo do fanatismo dois séculos depois da Revolução Francesa.

Uma civilização como a da Europa, culpada das piores atrocidades assim como autora das realizações mais sublimes, não tem razão para se enxergar apenas pelo ângulo da maldição: mesmo que tenha sido animada por uma verdadeira "paixão genocida"[5], foi ela também que permitiu conceitualizar alguns delitos, como os genocídios, foi ela que, depois de 1945, colocou-se à distância de sua própria barbárie para dar a esta palavra um sentido preciso, arriscando-se a ver a acusação refluir sobre si mesma. Ela é ao mesmo tempo uma formidável máquina de produzir o mal e de contê-lo. O gênio próprio da Europa é não se deixar enganar por suas zonas de sombra, por conhecer suficientemente bem as pró-

[5] Georges Bensoussan, *Europe, une passion génocidaire: essai d'histoire culturelle*, Mille et Une Nuits, 2006.

prias moléstias, a fragilidade das barreiras que a separam de sua ignomínia. Esta lucidez levada ao extremo proíbe-a de apelar para uma cruzada do Bem contra o Mal e incita-a a substituí-la pelo combate do preferível contra o detestável, segundo a fórmula de Raymond Aron. Nenhum dirigente europeu poderia dizer como George W. Bush no dia seguinte dos atentados de 11 de setembro de 2001: "Estou perplexo. Perplexo por existir tanta incompreensão quanto ao nosso país. (...) Porque eu sei o quanto somos bons."[6] Já nós, filhos do Velho Mundo, sabemos pelo menos uma coisa: é que nós não somos bons (mas perfectíveis). A Europa é o pensamento crítico em ação: ele se constitui desde o Renascimento no interior da dúvida que o nega e dirige para si um olhar de juiz intransigente. A razão ocidental é uma aventura única de auto-reflexão que não deixa de pé nenhum ídolo, que dá cabo das tradições e da autoridade. Tão logo nascida, a Europa se insurge consigo mesma e coloca o inimigo no coração, submete-se ao reexame permanente. Para que a incriminação do sistema faça parte do próprio sistema, e com tal intensidade, para que toda história colonial, por exemplo, seja contestada desde o começo pelas diversas correntes do anticolonialismo é que existe, em nossos países, não só uma doutrina de expansão, mas também um espaço de pluralismo, de relatividade das crenças e das fés. Aos antagonismos próprios das nações a respeito de uma área geográfica determinada, acrescentou-se o elemento fundamental da divisão de cada uma consigo mesma. Não se trata de sustentar que a Europa seja superior, tanto mais que ela mesma duvida de

---

[6] Conferência de imprensa do presidente George W. Bush, 11 de outubro de 2001.

sua superioridade. Ao menos a esse respeito ela é diferente das outras culturas que, até o momento pelo menos, não praticaram essa discussão sistemática de suas próprias certezas. A exemplo do Velho Mundo, nenhum povo pode escapar do dever de pensar contra si.

AS VAIDADES DO ÓDIO DE SI

Nada é mais ocidental do que a detestação do Ocidente, essa paixão de se maldizer, de se fustigar. Os sumos sacerdotes da difamação não fazem, através de seus anátemas, senão marcar sua pertença ao universo que maldizem. Essa suspeita que pesa sobre nossos sucessos mais radiantes sempre corre o risco de degenerar em falso derrotismo. O espírito crítico se insurge contra si mesmo e consome sua forma. Mas em vez de terminar aumentado, purificado, ele se devora em uma espécie de autocanibalismo e começa a se destruir com uma volúpia taciturna que não deixa nada de pé. O hipercriticismo termina virando um ódio de si, deixando atrás dele somente ruínas. Um novo dogma da demolição nasce da recusa de dogmas.

Não teríamos, nós, euro-americanos, senão uma obrigação: expiar para sempre o que infligimos às outras partes da humanidade. Como não ver que nos tornamos, por conta disso, beneficiários da autodenúncia, experimentando um orgulho singular de sermos os piores? A depreciação dissimula mal, com efeito, uma glorificação distorcida. O mal não pode vir senão de nós; os outros homens são movidos pela simpatia, benevolência, candura. Paternalismo da má consciência: imaginar-se rei da infâmia é ainda permanecer no cimo da história. Sabemos disso desde Freud, o masoquismo não é senão um sadismo invertido, uma paixão de dominar voltada contra si. A Europa continua messiânica, mas de menor dimensão, militante de sua própria fraqueza, exportadora de humildade e de comedimento.[7] Seu aparente desprezo por si mesma esconde mal uma enfatuação muito elevada. Não admite a barbárie senão para si, é o seu orgulho, porém contesta-a para os outros, acha para eles circunstâncias atenuantes (o que é uma maneira de negar-lhes toda responsabilidade).

Ela pretende ser a sede da desumanidade em ação e usa a malignidade como insígnia, assim como outros usam suas condecorações. Nem mesmo as catástrofes naturais escapam ao nosso delírio de grandeza: não são poucos os analistas que vêem no menor ciclone, inundação ou tremor de terra a mão pérfida da Euramérica. A propósito do *tsunami* de dezembro de 2004, alguns chegaram a invocar a deusa Gaia surgida do

[7] Há igualmente o fanatismo do ceticismo, que reproduz à sua maneira a fé que quer extinguir: quando Cioran escreve, por exemplo, que recusar-se a admitir o caráter permutável das idéias é condenar-se a fazer correr o sangue, ele está emitindo uma idéia que não é ela mesma intercambiável com seu contrário. De forma semelhante, quando o filósofo Gianni Vattimo pede ao cristianismo que compreenda, em nome da caridade, que não é o único detentor da verdade, que deve, doravante, no diálogo intercultural, calar-se para escutar os outros e reatar com "sua vocação universalista sem implicação colonial, imperialista, eurocentrista", ele produz o que La Rochefoucauld chamava de um "artifício do orgulho". Pois esse pedido de mão única não é dirigido nem ao islã nem ao budismo ou ao hinduísmo: o cristianismo seria, pois, o único a reconhecer o caráter parcial de seu ensinamento. É ainda considerá-lo como a única religião que aceita apagar-se diante das outras, única na sua maneira de admitir a pluralidade das crenças e a relatividade dos dogmas. Gianni Vattimo, *Après la chrétienté*, Calmann-Lévy, 2004, pp. 71 e 78 a 153.

fundo dos oceanos para punir nossa civilização industrial! Como a prece, a auto-acusação é um meio de agir simbolicamente à distância quando não se pode fazer nada. Megalomania sem fronteiras: atribuindo todas as desgraças da Terra ao homem, uma certa ecologia dá provas de um antropocentrismo desenfreado, confirmando nosso *status* de "dono e destruidor" do planeta. Acreditar que amanhã, por exemplo, nós faremos a chuva e o bom tempo, que eclipsaremos a natureza, é recair na mesma fantasia prometéica dos adeptos mais fanáticos do progresso. Seria possível, portanto, tudo nos contestar salvo nossa perfídia! Flagrante delito de imperialismo ao contrário. A descolonização nos privou de nosso poderio, nosso peso econômico não pára de declinar, mas numa colossal superestimação, continuamos a nos ver como o centro de gravidade maléfico do qual depende o universo.

Precisamos de nossos clichês miserabilistas sobre a África, Ásia, América Latina para confirmar o do Ocidente predador, assassino. Nossas estigmatizações ruidosas servem apenas para mascarar essa ferida no amor-próprio: não fazemos mais a lei. As outras culturas sabem disso, mas mesmo assim continuam a nos culpar para escapar de nossos julgamentos, e nos tratam, ao menor sobressalto, como se fôssemos "gente do exército colonial que dá lição de moral" (Vladimir Putin). Mesmo que o balanço das independências seja no momento problemático, não há nenhuma dúvida de que um dia a África decolará, o mundo árabe também, e eles deixarão de ser objeto de nossa compaixão para se tornarem concorrentes diretos, parceiros com armas iguais. E então não seremos mais os "donos do mundo", mas apenas antigos opulentos de rosto pálido. O paradoxo da Europa desiludida é justamente não ser menos arrogante do que a Europa imperial, uma vez que continua projetando suas categorias sobre o resto do mundo e puerilmente se jactando de ser a causa de todos os males que afligem o gênero humano. Nosso complexo de superioridade refugiou-se na confissão perpétua de nossas faltas, estranha maneira de inflar nossas mirradas pessoas até as dimensões do globo.

Falou-se muito que a descolonização tinha sido o desvio empreendido pelos países do Sul para adotar o modelo ocidental. O planeta modernizou-se certamente, mas só está parcialmente ocidentalizado: unificou-se sob o triplo selo da economia, da técnica e das comunicações, não sob o selo do respeito às pessoas ou ao regime parlamentar. Mesmo que o número de democracias aumente, ainda são numerosos os regimes seduzidos por nossas armas, nossas tecnologias de ponta e nossas grandes empresas, mas que torcem o nariz para a promoção da igualdade ou das liberdades fundamentais.[8] Assim, o ódio do Ocidente é sempre o ódio dos direitos humanos e da democracia. Acolher o Ocidente é entreabrir a porta atrás da qual espreitam a audácia e o caos, a contestação

[8] A Turquia é ocidental? Nenhum Estado muçulmano, é verdade, fez tanto pela laicidade, promoveu tamanhas reformas, engajou-se em tamanha mudança política ou manifestou tanto desejo de Europa. Mas, afastando-se da herança kemalista por uma reislamização dissimulada, continuando a se esquivar de qualquer reconhecimento oficial do genocídio armênio, da limpeza étnica em relação aos gregos da Ásia Menor, dos crimes do Império otomano, da repressão da minoria curda, Ankara parece proceder apenas a uma redemocratização de superfície, pelo simples desejo de participar da prosperidade européia. É o que torna sua candidatura problemática, uma vez que os argumentos a seu favor equilibram os de recusa. Para dizer a verdade, é menos a ambigüidade turca do que a fraqueza européia que preocupa, pois esta absorve sem entusiasmo e rejeita sem paixão. Podemos esquecer em que clima de indiferença hostil foi feita a integração dos antigos países comunistas do Leste? Mais do que os equívocos dos eventuais candidatos à União, nossa tibieza é que é uma verdadeira fonte de perplexidade.

dos abusos disfarçados em tradições, desigualdades fundadas na natureza. É impor às sociedades tarefas insuperáveis, ou seja, libertar-se de seu passado, sair do casulo tranqüilizador do costume. Detestam-no não por suas faltas reais, mas por sua tentativa de corrigi-los, uma vez que o Ocidente foi um dos primeiros a tentar sair fora da própria bestialidade, convidando o resto do mundo a segui-lo. Ele quebrou o círculo de conivência dos violentos, e é isso que não lhe perdoam. Tão logo resolveu se intrometer na moralização da história, prenderam-no em sua própria armadilha, jogaram-lhe na cara todas as suas abjeções só para confundi-lo, já que ele mesmo fornece as peças de acusação.

A esse respeito, o verdadeiro motor do integrismo é menos o respeito minucioso à tradição do que o terror de um modo de existência fundado na autonomia individual, na inovação perpétua, na desarticulação da autoridade. Os progressos da liberdade caminham ao lado dos progressos da recusa da liberdade e sobretudo da emancipação das mulheres, mutação simbólica fundamental do último século. Como decorrência, vêem-se as novas gerações de *jihadistas* nascidos na Europa, esses "emires de olhos azuis", desamparados dentro de suas próprias sociedades, em busca de regras rígidas que os tranqüilizem. Nós não temos medo da morte, exclamam os *kamikazes* para acentuar sua superioridade sobre os homens comuns. Mas, por terem medo da vida, não param de pisoteá-la, caluniá-la, destruí-la, de formar desde o berço candidatos ao martírio. Observadores notaram que as fotografias de terroristas tiradas algumas horas antes dos atentados mostram gente apaziguada e serena. Eles removeram a dúvida: eles sabem. Com efeito, o paradoxo das sociedades abertas é parecerem desregradas, injustas, acossadas pelo crime, pela solidão, pela droga, pois exibem sua indignidade na cara do mundo e não deixam de confessar suas lacunas, enquanto que outras sociedades, mais opressivas, parecem harmoniosas por causa da mordaça da imprensa e da oposição. "Onde não existem conflitos visíveis, não existe liberdade", dizia Montesquieu. As democracias são por natureza inquietas, jamais realizam seu ideal; elas decepcionam necessariamente, cavam um fosso entre a expectativa que suscitam e as realidades que constroem. Admitem as difamações de seus inimigos, concedem-lhes o direito de detestá-las com total boa-fé. Da imperfeição de nossos regimes deduz-se sua perversidade fundamental. Mas é o inverso que é preciso sustentar: exibir nossas mazelas em público é estar consciente de nossos vícios, já que a verdadeira falta é a ignorância do próprio mal.

A terrível presunção do grito "Nós somos civilizados" com muita freqüência significou, nos tempos do ultramar, "Somos superiores a vocês". O sistema colonial não podia deixar de se degenerar em segregação de fato, em apologia da raça branca, com o que isso supõe de aviltamento recíproco do indígena e do colono. A exportação da violência para terras longínquas, a salvo das testemunhas, permitia ao conquistador abandonar leis e regras e fazer rodar ao contrário a roda do progresso, tanto mais que era para lá que a Europa descarregava seus delinqüentes, seus exaltados, seus aventureiros sem escrúpulos. Mas essa violência iria se revestir com as formas e os álibis da cultura, gozar de uma impunidade total em nome de uma vocação superior. Hoje, ser civilizado quer dizer se saber potencialmente bárbaro. Nós europeus somos evidentemente pusilânimes e decadentes, patéticos em nossas aspirações e deploráveis em nossos prazeres. Ao menos somos suficientemente avisados para tentar nos corrigir. Infelizes os brutos que se crêem policiados e se encerram dentro do torniquete infernal de suas certezas.

ARREPENDIMENTOS DE MÃO ÚNICA

Convém introduzir aqui uma distinção, clássica em filosofia, entre arrependimento e remorso:[9] o primeiro reconhece o erro para melhor se separar dele, para provar a graça da convalescença, o segundo se apega a ele por necessidade doentia de experimentar as queimações que provoca. O remorso não se arrepende do pecado, nutre-se dele, quer ficar pregado nele para sempre. Banhamo-nos mais ainda na "penitência perpétua" (Lutero) por não termos feito ato de contrição e virado a página. Se não se pode mudar o passado, pode-se aliviar o peso que ele representa sobre a memória dos vivos. "O que deve ser desfeito é a dívida, não a lembrança", dizia justamente o filósofo Olivier Abel. Donde a importância das desculpas públicas dirigidas por um governo, uma instituição, uma pessoa moral a uma nação, a um grupo ou a uma minoria que tenham sido perseguidos no passado: o verbo nesse caso preciso se faz ato, torna-se uma palavra fecunda que engendra a concórdia, desenha um futuro possível. A má consciência é uma doença que seria uma desgraça não ter, a cada vez que a situação exigir. Nas circunstâncias ruins de uma guerra, de uma matança, de uma mácula, a pior das reações é mostrar-se insensível ao escândalo, continuar a não se arrepender. Em todos os lugares, a política da confissão, sobretudo se diz respeito a uma atualidade próxima, é preferível à do silêncio; ela nos evita a prostração, nos permite recomeçar em vez de nos mortificarmos em meio à angústia.

---

[9] Ver, por exemplo, Vladimir Jankélévitch, *La Mauvaise conscience*, em *Philosophie morale*, Flammarion, Mille et Une Pages, 1998 ou Jean Lacroix, *Philosophie de la culpabilité*, PUF, 1977.

Ironizam-se erroneamente os pedidos de perdão que se multiplicam desde que Willy Brandt, em 1970, ajoelhou-se diante do monumento do gueto de Varsóvia. Um regime forte, dizem os conhecedores, não se rebaixa a tais procedimentos. Admitir seus desvios de conduta para não reproduzi-los é, ao contrário, uma prova de grandeza. Pois as palavras têm o poder de aclarar, reatar a comunidade nacional. Contanto que se reconheçam honrosamente os próprios erros com temperança, que não se mergulhe, como passou a ser o caso, em um sistematismo de expiação. Vejam a França: ela vive desde sempre sob o regime da verdade adiada, penando para desvelar segredos que fermentam como uma poça de pus há anos, uma vez que o Estado regalista, dupla herança católica e monárquica, é o verdadeiro depositário do verdadeiro e do falso.[10] Conseqüência: vive imersa em uma visão tenebrosa de sua história e se submete, há algumas décadas, a uma recuperação acelerada em confissão pública, em fustigação nacional. À paralisia da retenção sucede a avalanche penitencial na qual é mestre o presidente Jacques Chirac, grande louvador dos "povos primitivos", grande denigridor da arrogância ocidental. Há sempre um risco em

---

[10] Foram precisos quase sessenta anos para que a França evocasse com reticência os massacres de Sétif, na Argélia, em 8 de maio de 1945 e, mais oficialmente os de Madagáscar em 1947. Trinta e sete anos depois de seu desfecho, só em junho de 1999, é que a Assembléia nacional propôs substituir por "Guerra da Argélia" a expressão "operações para manutenção da ordem na África do Norte". Quanto à responsabilidade do governo de Vichy na deportação dos judeus da França, foi preciso esperar meio século, ou seja, até 1995, para que o presidente da República Jacques Chirac a formulasse publicamente. Bill Clinton desculpou-se em 1998 com as autoridades de Kigali pela inação dos Estados Unidos durante o genocídio de 1994. Paris, que foi o ator principal nesse drama, manteve o silêncio até o momento.

se calar sobre os horrores cometidos: perpetua-se o rancor, suscitam-se fantasias monstruosas, propaga-se o reino da suspeita. Maravilhoso no amor, no qual é propício a toda sorte de enredos, o mistério é catastrófico em política. Se nos curvamos dentro do Hexágono* sob o peso de uma dívida não reembolsável, é exatamente por causa dessa relação oblíqua com a verdade, dessas estratégias de evitação que proíbem que nos elucidemos diante do mundo.

A vaga de arrependimento que avança como epidemia em nossas latitudes e sobretudo nas principais igrejas só é salutar se admitir a recíproca: que outras crenças, outros regimes reconheçam, eles também, suas aberrações! A contrição não pode estar reservada para alguns e a pureza consentida como um direito moral aos que se dizem humilhados. Para muitos países, na África, no Oriente Médio, na América Latina, a autocrítica se confunde com a procura do bode expiatório cômodo que explique suas desgraças: nunca é por culpa deles, é sempre de um grande terceiro (o Ocidente, a globalização, o capitalismo). Mas essa divisão não é isenta de racismo: ao recusar aos povos dos trópicos ou do ultramar qualquer responsabilidade por sua situação, nós os privamos, por essa mesma razão, de toda liberdade, nós os mergulhamos outra vez na situação de infantilismo que presidiu à colonização. Cada guerra, cada crime contra a humanidade cometido pelos condenados da Terra seria um pouco por nossa causa, devendo nos incitar a bater no peito nossa culpa, nos fazendo pagar para sempre o fato de pertencermos ao bloco das nações opulentas. A cultura da escusa é sobretudo

* O Hexágono: a França metropolitana, por causa da forma do mapa da França, que pode ser inscrito num hexágono. (N.T.)

uma cultura da condescendência. Nada nos autoriza a dividir a humanidade entre culpados e inocentes: pois a inocência é o lote das crianças, mas também dos idiotas, dos escravos. Um povo que nunca se sentiu responsável por seus atos perdeu todas as qualidades que lhe permitem ser tratado como semelhante. É preciso portanto alargar o círculo do arrependimento, abri-lo a todos os continentes, não confiná-lo apenas nos países do Norte.[11]

Cristianismo, islã: duas religiões imperialistas, persuadidas de que detêm a verdade e prontas a se encarregar da salvação dos homens, não importa o que eles pensem, pela espada, fogueira, auto-de-fé. Mas o cristianismo, desgastado depois de quatro séculos de oposição violenta na Europa, teve que ceder terreno e admitir o princípio de laicidade, de resto inscrito nos Evangelhos. Podem-se imputar inúmeros crimes à Igreja católica: ter, como a acusa o historiador Denis de Rougemont, ordenado o primeiro genocídio da história da Europa com o massacre dos albigenses lançado em 1209 pelo papa Inocêncio III em nome do princípio: "Matem-nos todos, Deus reconhecerá os seus"[12]; ter inventado com a Inquisição a tortura institucional, o racismo de Estado com a exigência da "pureza de sangue" (*"pureza de sangre"*) de Isabel, a Católica, na Espanha;[13] ter, com seu antijudaísmo

[11] Os argelinos exigem desculpas da França para estabelecer um tratado de amizade. Pois bem, que se admitam publicamente a realidade da guerra suja, o uso da tortura, a brutalidade da colonização neste país. Mas que se convidem os argelinos a fazer o mesmo, a desvelar segredos sombrios, a varrer a frente da sua porta. Reciprocidade absoluta!

[12] Denis de Rougemont, *L'Amour et l'Occident*, 1938 para a primeira edição, 10/18, 1995, p. 122, nota 1.

[13] Sobre a obsessão com a mácula judia na Espanha dos séculos XV e XVI e a desconfiança da Igreja em relação aos *conversos*, judeus convertidos ao catolicismo, ver Georges Bensoussan, *Europe, une passion génocidaire*, op. cit., p. 205s.

frenético, preparado os espíritos para o extermínio dos judeus; apesar de dispor de todos os argumentos teológicos para condenar a escravatura, tê-la justificado ou pelo menos tolerado para apoiar os interesses temporais do papado até o começo do século XIX;[14] muitas vezes ter se pronunciado a favor da ignorância, do desatino, da superstição; ter matado, eliminado, perseguido os hereges, as feiticeiras, os pagãos, os maometanos, em nome do amor e da verdadeira fé. Pode-se igualmente criticar a atitude complacente do Vaticano em relação ao Terceiro Reich, quando tantos católicos alemães pagaram com as próprias vidas sua oposição ao regime de Hitler. Mas ao menos o cristianismo começou a fazer sua modernização, marcada para os católicos pelo Concílio Vaticano II (1962-1965). As desculpas solenes dirigidas em seguida por João Paulo II à comunidade judaica, aos índios da América Latina, aos ortodoxos, aos protestantes, aos africanos da ilha de Goréia no Senegal, o reconhecimento dos erros do papado na apreciação das principais descobertas científicas desde Galileu, a condenação das Cruzadas, a renúncia à evangelização forçada marcaram o coroamento desse processo sem precedentes. E, embora existam na sua história numerosas partes sombrias, Roma, assim como a maior parte das Igrejas protestantes e ortodoxas, procedeu a um corajoso inventário crítico para se colocar em conformidade com o espírito do Novo Testamento. Há mesquitas em Roma, mas há igrejas católicas em Meca, em Djedda, em

---

14 Foi preciso esperar até 1814 para que a Igreja, pela voz de Pio VII, se engajasse oficialmente contra o tráfico e, até 1888, para que Leão XIII teorizasse a condenação em uma bula. A servidão de milhões de homens nesse comércio infame não podia prosseguir sem violar os princípios básicos do cristianismo (Olivier Pétré-Grenouilleau, *Les Traites négrières: essai d'histoire globale*, Gallimard, 2004, pp. 71-72).

Riad? Não é melhor ser muçulmano em Düsseldorf ou Paris do que cristão no Cairo ou Karachi? Gostaríamos que os diferentes partidos comunistas europeus, grupelhos leninistas, trotskistas, antiglobalistas, ecologistas, fizessem tamanha reflexão sobre sua vida passada e se dedicassem à introspecção com a mesma intransigência. Mas é sempre do cristianismo e apenas dele que se espera o arrependimento,[15] uma vez que foi ele que o inventou em suas formas modernas. Em outras palavras, a Igreja teria simultaneamente traído e transmitido o espírito dos Evangelhos. Sua longa e dolorosa epopéia se parece furiosamente com a aventura moral e política do Ocidente: o interminável ajustamento da realidade aos princípios, eles mesmos sempre violados, sempre reafirmados. Os progressos da razão foram lentos porém incontestáveis, mesmo que tenham suscitado horríveis regressões. A decência, a dignidade caminharam lado a lado com a selvageria, o melhor com o pior. A liberdade triunfa, mas muito tempo depois de seu reino ter sido proclamado e mesmo assim somente em alguns pontos do globo. Apesar do que pensam os desencantados com o progresso, a educação coletiva do gênero humano, tal como a concebeu no século XVIII o dramaturgo alemão Lessing, não é uma palavra vã. Foram necessários e vão continuar sendo necessários o paciente trabalho da história, as resistências a vencer, as recaídas na tirania, o despertar das consciências.

---

[15] Como prova esta reflexão alucinante do jornalista inglês Robert Fisk: "Por um acaso o papa que pediu perdão aos judeus não deveria fazê-lo também aos muçulmanos pela sangrenta e catastrófica invasão do Iraque?" (*The Independent*, citado em *La Vanguardia*, Barcelona, 28 de agosto de 2005.) Um lembrete: não só a Igreja católica não invadiu o Iraque como militou com extrema virulência contra a Segunda Guerra do Golfo, chegando até a receber na Itália o suspeitíssimo Tarek Aziz.

Esse processo de rediscussão ainda precisa ser feito pelo islã, imbuído como é da certeza de ser a última religião revelada, portanto a única autêntica, a que dispõe do Livro diretamente ditado por Deus a seu profeta. Ele não pretende ser legatário das confissões anteriores, mas o sucessor que as invalida para sempre. O dia em que as mais altas autoridades reconhecerem o caráter pretensioso e agressivo de sua fé, em que pedirem perdão pelas guerras santas cometidas em nome do Corão, as infâmias perpetradas contra infiéis, apóstatas, descrentes e mulheres, se desculparem pelos atentados terroristas que profanam o nome de Deus, será um dia de progresso que contribuirá para dissipar a suspeita legítima de numerosos povos diante desse monoteísmo sacrificial. A crítica do islã, longe de ser reacionária, constitui, ao contrário, a única atitude progressista, no momento em que milhões de muçulmanos, reformadores ou liberais aspiram a praticar pacificamente sua fé sem se submeter a *diktats* de doutrinários ou de barbudos. Banir os costumes bárbaros de apedrejamento, repúdio, poligamia, excisão, passar o Corão pelo crivo da razão hermenêutica, suprimir os versículos duvidosos sobre os judeus, cristãos, homossexuais, os apelos ao assassinato dos apóstatas ou dos infiéis,[16] ousar retomar o movimento iluminista nascido no seio das elites muçulmanas no final do século XIX no Oriente Médio, tal é o imenso canteiro político,

[16] Como observa justamente Eric Conan: "As religiões cristãs foram sangrentas e assassinas afastando-se de seus textos, enquanto que o islã se tornou assassino aproximando-se de seus textos. É por isso que os partidários de um islã pacífico propõem reformar o Corão purgando-o de seus versículos violentos contra os infiéis." "N'éteignons pas les Lumières", *L'Express*, 27 de abril de 2006.

filosófico, teológico que se abre. Essa tarefa, intelectuais, professores e religiosos árabe-muçulmanos começaram a empreender (na França: Fetih Benslam, Malek Chebel, Latifa Ben Mansour, Mohammed Arkoun, Abdelwahab Meddeb, Fadela Amara notadamente), alguns correndo risco de morte, sobretudo quando se trata de mulheres, revoltadas contra seus *status* (para citar somente as mais emblemáticas, a sírio-americana Wafa Sultan, a canadense de origem paquistanesa Irshad Manji, a escritora bangladeshiana Taslima Nasreen, a advogada germano-turca Seyran Ates, a deputada holandesa de origem somaliana Ayaan Ali Hirsi). Está na hora de formar uma grande cadeia de assistência a todos os rebeldes do mundo islâmico, moderados, descrentes, libertinos, ateus, cismáticos, como se apoiaram antigamente os dissidentes da Europa do Leste. Mas o problema com os moderados é precisamente o fato de eles serem... moderados e não se alçarem jamais ao nível dos radicais! A Europa, se quiser construir um islã laico no interior de suas fronteiras, deverá encorajar essas vozes divergentes, levar-lhes apoio financeiro, moral, político, apadrinhá-las, convidá-las, protegê-las. Não existe hoje causa mais sagrada, mais grave e que atraia mais a aprovação das gerações futuras. Mas, com uma inconsciência suicida, nosso continente se ajoelha diante dos loucos por Deus e amordaça ou ignora os livre-pensadores.

A FALSA QUERELA DA ISLAMOFOBIA

Para prevenir qualquer crítica, os fundamentalistas forjaram, nos anos 70, o termo islamofobia, encarregado de estabelecer uma equivalência semântica com xenofobia: este escudo semântico foi primeiramente utilizado contra a feminista americana Kate Millet, culpada por convocar as mulheres iranianas a arrancar seus xadors, e em seguida contra o escritor anglo-indiano Salman Rushdie, nos anos 90, no momento da publicação dos *Versos satânicos*[17]. A invenção é hábil, pois equivale a fazer do islã um objeto intocável sob pena de racismo. Imbuídos há meio século de respeito pela diferença, nós somos instados a não avaliar uma religião estrangeira com nossos critérios ocidentais. O que chamamos de "nossos valores", o relativismo cultural obriga-nos a vê-los como simples preconceitos, crenças de uma tribo particular que se chama Ocidente. A fé do profeta se reveste assim com o manto do pária para se poupar do menor ataque. Ela parece esquecer a inacreditável virulência do combate anticlerical na França e na Europa, que se avizinhou freqüentemente da barbárie: igrejas, templos, conventos incendiados ou arrasados, objetos de culto pilhados ou degradados, bens eclesiásticos confiscados, padres e bispos enforcados, guilhotinados, religiosas violadas. A selvageria dessas reações foi idêntica à exercida pelas Igrejas durante tantos séculos sobre as populações que ela regia. Foi uma luta de extremo sectarismo de parte a

[17] Ver a esse respeito dois livros muito esclarecedores: *Tirs croisés: la laïcité à l'épreuve des integrismes juif, chrétien et musulman*, Caroline Fourest e Fiammeta Venner, Calmann-Lévy, 2003, e *La Tentation obscurantiste* de Caroline Fourest, Grasset, 2005.

parte, mas que nos libertou da tutela do clero e obrigou Roma e os diversos protestantismos a revisões dilacerantes a respeito de suas ambições de dirigir a ordem social e administrar consciências e almas. Na França, país de tradição anticlerical, podemos todos os dias ridicularizar o judeo-cristianismo, zombar do papa, do Dalai Lama, representar Jesus e seus profetas em todas as posições até as mais obscenas, mas não se pode cogitar rir do islã sob pena da atitude ser tachada de discriminação. Por que uma religião e apenas uma escaparia do clima de chacota e ironia que é a regra para as outras? Acrescentemos que os fundamentalismos judeu e cristão não são menos grotescos e que não vemos sem inquietação, nos Estados Unidos, a atual administração republicana cortejar a direita religiosa mais obscurantista e mais bem organizada. Mas, além de eles não jogarem bombas nos quatro cantos do planeta, esses fundamentalistas continuam minoritários no seio de sua própria confissão, contidos pelos liberais ou pelos tradicionalistas.

Falar de islamofobia é incentivar a confusão mais grosseira entre uma religião ou sistema de crença específica, e os fiéis que a eles aderem. Atacar o islã seria portanto aviltar os muçulmanos; atacar o cristianismo seria aviltar os cristãos. Ora, contestar uma obediência, rejeitar idéias que julgamos falsas ou perigosas é a própria base da vida intelectual. Então é preciso falar de racismo anticapitalista, antiliberal, antisocialista, antimarxista? É preciso evocar sabe-se lá qual "cristianofobia"? Temos perfeitamente o direito, até prova em contrário, de maldizer as religiões em seu conjunto, de julgá-las mentirosas, retrógradas, imbecilizantes. Ou então vai ser preciso restabelecer o delito de blasfêmia como reclamou a Organização da Conferência Islâmica, durante o inverno de 2006, ao propor à ONU uma moção que proibisse a difamação dos profetas e impusesse limites estritos à liberdade de expressão no domínio dos símbolos religiosos? (Hoje, na Europa, a peça de Voltaire, *Mahomet le Prophète*, caricatura feroz contra a hipocrisia e o fanatismo, escrita em 1741, por causa dos censores do islã, não pode mais ser representada a não ser sob proteção policial.)

A invenção da islamofobia preenche diversas funções: negar para melhor legitimar a realidade de uma ofensiva islâmica na Europa, mas sobretudo fazer calar os muçulmanos que ousam criticar sua confissão, que denunciam o fundamentalismo, reclamando a reforma do código da família, a igualdade entre os sexos, o direito à apostasia.[18] É, pois, necessário estigmatizar as moças que sonham em se livrar do véu e andar pelas ruas sem sentir vergonha da cabeça descoberta, fulminar os franceses, os alemães, os ingleses de origem magrebina, turca, africana que reclamam essencialmente o direito à indiferença religiosa, o direito de não acreditar em Deus, e que não se sentem automaticamente muçulmanos por causa da ascendência marroquina, argelina, malinesa ou paquistanesa. É preciso designar esses renegados e criminosos para a vingança de seus correligionários, apontá-los com o dedo, fazê-los calar, dizer que estão impregnados da ideologia colonial para barrar qualquer esperança de mutação

[18] Um cidadão afegão, M. Abdul Rahman, convertido ao cristianismo depois de uma estadia na Alemanha, foi denunciado por sua família como apóstata e condenado à morte. No final de uma campanha de mobilização internacional, os tribunais o agraciaram declarando-o louco (27 de março de 2006) e o expulsaram de seu país.

na terra do islã,[19] com a unção de "especialistas" devidamente acreditados pelas mídias e pelos poderes públicos.[20] Assistimos de fato à fabricação planetária de um novo delito de opinião análogo ao que era feito antigamente na União Soviética contra os inimigos do povo. Trata-se de perseguir o reformador local que deseja "laicizar" a justiça e a educação assim como tapar a boca dos contraditores, deslocar a questão do plano intelectual ou teológico para o plano penal, sendo qualquer objeção, chacota ou reticência passível de perseguições. Em suma, confunde-se o racismo antimuçulmano — atacar um local de culto, por exemplo —, que, isto sim, é caso de tribunal, com o livre exame da doutrina. De um lado a discriminação se dirige às pessoas culpadas de ser o que são, o preto, o árabe, o judeu, o amarelo, o branco, de

[19] Ao que se dedica um universitário francês, Vincent Geisser, que compõe em *La Nouvelle islamophobie* (La Découverte, Paris, 2003) uma verdadeira lista de proscritos e traidores da causa do islã, jornalistas, imames, políticos, quase todos de origem magrebina. Temos aí um trabalho digno de um comissário político da época stalinista!

[20] A islamofobia, diz por exemplo Olivier Roy, encobriria na opinião pública "uma repulsa à imigração". Quanto ao caso das caricaturas de Maomé, ela decorre nem mais nem menos da "discriminação" por parte de um país, a Dinamarca, no qual a extrema direita no poder "recusa-se a ver os muçulmanos como cidadãos" *(sic)*. Olivier Roy, *Esprit*, março-abril de 2006, pp. 323 e 327. Sabe-se, desde a época da Guerra Fria, que existe uma síndrome do especialista que se apaixona por seu objeto de estudo e o defende com unhas e dentes, mesmo no pior dos casos. Ele não consegue admitir que uma única mancha altere o esplendor de sua paixão. A profundidade das competências esconde mal certos pontos obscuros da análise. Poderíamos nos perguntar sobre o fato que nos é anunciado há quinze anos "L'Échec de l'islam politique" (Olivier Roy, Seuil, 1992) no exato momento em que islamitas conhecem uma imensa recuperação de popularidade em toda parte, no Magreb como no Machrek. Expulsos pelas armas, voltam pelas urnas. Conhece-se, por exemplo, este sofisma muito adotado no meio restrito: cada bomba que explode é a prova paradoxal da extinção do perigo islâmico.

outro, a discussão se faz a respeito dos artigos de fé, as verdades reveladas, os pontos litigiosos sempre suscetíveis de exegeses, de transformação, pois eles mesmos são produtos de uma história precisa. O islã, sobretudo depois da revolução kemalista na Turquia, é uma casa dividida; é uma casa ferida que a lembrança da grandeza perdida enche de tristeza mas também de ódio, de ressentimento. Essa ferida, os fundamentalistas gostariam de cicatrizar o mais depressa possível imputando-a aos cruzados, aos descrentes, aos sionistas, enquanto que os reformistas gostariam de abri-la mais ainda para reconhecê-la a fim de provocar um solavanco vital.[21]

O que se chama pomposamente de "humilhação muçulmana" talvez nada mais seja do que alergia à diversidade, constatação desolada de que uma boa parte do mundo não segue os ensinamentos do profeta e não está nem aí para eles, devendo portanto ser punida. Pode-se compreender o embaraço de um muçulmano (ou de um cristão) devoto dentro de um ambiente que não o é, seu mal-estar diante dos cartazes que ferem o pudor, dos costumes que contradizem seus preconceitos, de uma liberdade de tom, de atitude, de discussão

---

[21] Em Bali, ao abrir em 13 de maio de 2006 a Reunião de Cúpula para um Mundo Muçulmano Mais Próspero, o presidente indonésio Susilo Bambang Yudhoyono, depois de lembrar que os muçulmanos tinham sido os primeiros globalizadores, constatou, consternado, que, entre as nações que se declaram em graus diversos adeptas do islã, "não existe nenhuma que possa ser classificada como desenvolvida seja qual for o critério escolhido. Todas estão atrasadas em termos de saber, de finanças e de tecnologia (...) O mundo associa islã a atraso. Isso nos enfurece, mas o fato é que nós somos atrasados. Somos dependentes dos outros para tudo que diz respeito a nossas necessidades vitais (...) Nada em nossa religião diz que não podemos ser desenvolvidos". Sobre a guerra no interior do islã e a batalha para sua evolução na Europa, ver o livro muito convincente de Gilles Kepel, *Fitna: guerre au cœur de l'islam*, Gallimard, 2004.

muito longe dos dogmas do Livro único. Para quem acredita ser o único depositário do Verdadeiro, esses costumes, esses credos são um insulto a Deus. Vale mais a pena, contudo, interiorizar a Verdade e insultar Deus do que massacrar os homens ou doutriná-los à força. Pode-se julgar o modo de vida ocidental contrário à decência, criticá-lo, zombar dele, virar-lhe as costas. Contudo, tal como existe, na sua imperfeição, ele não é negociável e parece preferível ao que se fazia antigamente. Nós não vamos mais relegar as mulheres ao lar, cobrir suas cabeças, encompridar suas saias, meter na cadeia os homossexuais, proibir o álcool, limitar a liberdade de expressão, censurar o cinema, o teatro, a literatura, codificar a tolerância para não ferir os humores desdenhosos de alguns devotos. Nunca foi tão atual a palavra de Voltaire: "Esmaguem a infame" (ou seja, o fanatismo e a superstição). O islã faz parte da paisagem francesa e da européia e tem, por conta disso, direito à liberdade de culto, a locais de prece corretos e ao respeito. Contanto que ele mesmo respeite as regras republicanas e laicas, não exija *status* extraterritorial, direitos especiais, derrogação de piscina e ginástica para as mulheres, ensino separado, favores e privilégios diversos. O que se pode desejar de melhor e no interesse de todos não é a "fobia" ou a "filia", mas a indiferença benevolente em um mercado da espiritualidade aberto a todas as crenças. Bem-aventurados os céticos, os incrédulos que resfriarem o ardor assassino da fé!

ELES NOS AVISARAM!

O caso das caricaturas de Maomé em 2005-2006 parece um gigantesco lapso: as multidões enfurecidas que, de Jacarta a Beirute, fizeram passeatas, lembrando as grandes manifestações de Nuremberg, queimando as representações diplomáticas da Dinamarca e da Noruega, atacando as embaixadas da França, matando cristãos na Nigéria e na Turquia, esforçaram-se com uma malícia inconsciente para fazer dos desenhos incriminados, não sátiras de mau gosto, mas retratos de temível precisão. Em Londres, manifestantes que queriam demonstrar provavelmente sua indulgência, brandiram cartazes que proclamavam: "A Liberdade no inferno", "Preparem-se para o verdadeiro Holocausto", "Exterminem os que zombam do islã", "Europa, seu 11 de setembro vai chegar". Em Bangkok, um imame entrevistado pela CNN exigia a morte do artista criminoso ou pelo menos a amputação da mão pecadora, condição para um possível perdão. No Paquistão, um líder religioso ofereceu um milhão de dólares a quem matasse um dos desenhistas incriminados... depois um carro. Em Jacarta, manifestantes gritavam: "Deus é grande, enforquemos todos os dinamarqueses". Simples palavras de instigados manipulados, agindo sob o choque da emoção? Mas a verdade desses discursos veio do presidente iraniano Ahmadinejad em pessoa: apelos reiterados à destruição de Israel, inúmeras declarações sobre o mito da Shoah, por fim, ameaça de guerra total contra o Ocidente, contra a "Global Arrogância". O islã radical fala permanentemente duas línguas: a de vítima, veiculada pelos teólogos "respeitáveis" despachados para a Europa e para os Estados Unidos para nos culpar; a do carrasco que quer nos aterrorizar e que nos prediz uma vingança terrível, o aniquilamento dos ímpios, dos "cruzados". A adoção da retórica nacional-socialista pelos extremistas do Oriente Próximo e do Oriente Médio deveria nos alertar. Não acusemos o islamofascismo de hipocrisia. Nenhuma necessidade de ir buscar em alguma madraçal um obscuro *Mein Kampf*: tudo é dito às claras. Se não compreendemos, é porque estamos surdos e cegos!

III

A piscina da inocência reencontrada

> "Não se deve querer mal
> a alguém que apanhou."
> Oscar Wilde

Todo caminho da cruz conhece um dia sua redenção. Resta aos europeus, acabrunhados, uma saída para evitar o declínio: deportar a falta para as duas nações indignas de nossa civilização, Israel e os Estados Unidos, repudiá-los a fim de se redimir. Romper qualquer laço com eles, abjurá-los sem trégua, desejar em alto e bom som seu desaparecimento, ou pelo menos sua neutralização, provar que o "Ocidente" não existe, que é um conceito sem pertinência uma vez que abraça realidades tão dessemelhantes. Aos que perderam todas as esperanças subversivas e que não se satisfazem com o garbo dos trajes envergados pelo comandante Marcos, resta, para estancar sua sede de absoluto, um último bom selvagem: o palestino. É ele o grande ícone crístico, o oprimido dos oprimidos cujo processo de beatificação prossegue há trinta anos. E o fato de sua situação quase não ter melhorado permite manter viva a revolta que ele encarna. Já em 1974, Jean Genet, que cantou em suas obras a beleza dos SS, dos delinqüentes, dos assassinos, dos Black Panters, dos *fedayin*, afirmava em uma entrevista a Tahar Ben Jelloun[1]: "Por que os

[1] *Le Monde Diplomatique*, julho de 1974.

palestinos? Porque era absolutamente natural que eu me voltasse para os mais desfavorecidos bem como para os que cristalizam no mais alto grau o ódio ao Ocidente." É que os palestinos, ou melhor, a idéia mítica que se faz deles, conjugam dois elementos favoráveis a essa cristalização: eles são pobres diante de um punhado de colonizadores originários em parte da Europa, e são em sua maioria muçulmanos, ou seja, membros de uma religião que uma parte da esquerda acha que é a ponta de lança dos deserdados. E foi assim que esse conflito se tornou, ao longo dos anos 1980-2000, na ocasião em se estreitavam os horizontes revolucionários, a causa incontestável de um certo progressismo órfão. O surpreendente é que a preferência de uma minoria tenha se tornado uma opinião majoritária, que tenha recebido o assentimento das mais altas esferas do poder (ao menos na França e na Europa ocidental) a ponto de modelar a mentalidade de uma época.

QUE CENTRALIDADE DO ORIENTE PRÓXIMO?

Nada mais surpreendente para um observador, com efeito, do que a extraordinária midiatização de que se beneficia essa região do mundo há tantos anos. Como se a sorte do planeta fosse inteiramente jogada no pequeno espaço entre Tel Aviv, Ramallah e Gaza. A reprovação de Israel é antes de mais nada obsessão por Israel. É uma midiatização paradoxal pois não informa nada no estrito sentido do termo, contentando-se em reforçar o estereótipo, o do enfrentamento entre um Estado colonial e racista que chegou tarde ao mundo árabe (1948) e um povo esmagado e espoliado. O tratamento da Segunda Intifada, a partir de 2000, foi revelador do clichê que punha face a face as forças da Opressão e as forças da Resistência. O fluxo ininterrupto de notícias — nem um dia sem um relato minucioso das exações do exército israelense — era acompanhado contudo de um formidável desconhecimento das realidades da região. Assistiu-se na televisão e nas mídias a uma *superinformação produtora de ignorância*. Que assombro, por exemplo, descobrir no dia seguinte à morte de Yasser Arafat, em 11 de novembro de 2004, pela própria boca de líderes palestinos, que a militarização da Intifada tinha se constituído em um grande fracasso, deixado a sociedade esgotada e à beira da guerra civil. Que ela também tinha levado a uma perseguição crescente de cristãos, obrigados a fugir ou intensificar o nacionalismo, e revelado a corrupção do Fatah sem diminuir o moral do Estado hebreu. Desapontamento com os militantes mas também com os correspondentes de imprensa, que se viam desaprovados! Que surpresa ficar sabendo que o velho Arafat, dotado de uma sorte extraordinária, que escapara de tantas armadilhas, se mostrara também um ourives da dupla linguagem, que encarnara a questão palestina ao mesmo tempo sabotando-a ao torpedear as negociações de Camp David em 2000! Para não falar da satanização do "carniceiro" Ariel Sharon (os jovens judeus agredidos nos colégios franceses naqueles anos eram chamados de "sharognes" ou "sharognards")*: ela não permitiu que se assistisse ao desengajamento de Gaza, à explosão do Likud nem ao arrefecimento das teses expansionistas do

* Jogo de palavras com "charogne", carniça em francês; o sufixo "ard", acrescentado às palavras reforça-lhes o sentido pejorativo. (N.T.)

Grande Israel. Os jornalistas não mentiram, tinham apenas se deixado cegar por suas convicções. Na realidade, esses observadores *in loco* não viram senão a projeção de suas próprias fantasias.

Ao apoiar os palestinos, não são seres de carne e osso que se deseja ajudar e sim idéias puras: nessa margem leste do Mediterrâneo, intelectuais, escritores e políticos vão menos investigar um antagonismo preciso — um litígio imobiliário entre dois proprietários igualmente legítimos, como disse Amós Oz — do que acertar suas contas com a cultura ocidental. Pouco importa a sorte real desses milhões de homens e mulheres submetidos à humilhação cotidiana e a condições de vida precárias, pouco importa nossa brandura em relação ao terrorismo palestino, do Hamas ou do Hezbollah. É que o Oriente Próximo se tornou o local de um combate mundial pelo título de pária. Já em 1969, Georges Montaron escrevia em *Témoignage Chrétien*, órgão católico de esquerda: "Jesus Cristo está com os palestinos, quer eles sejam muçulmanos, judeus ou cristãos, contanto que sejam pobres (...) são eles os refugiados, os verdadeiros lugares santos da Palestina, as verdadeiras testemunhas de Deus sempre vivo."[2] Alguns dias depois, o mesmo Montaron escrevia: "No coração de todos

[2] Jésus-Christ, un réfugié palestinien", *Témoignage Chrétien*, 18 de dezembro de 1969. Essa visão crística foi retomada tal e qual por alguns membros do *entourage* de Yasser Arafat. No momento do cerco da autoridade palestina em Ramallah pela Tsahal em 2002, Jibril Radjoub, conselheiro para a segurança do presidente, declarava: "Como o de Cristo, o sangue de Arafat vai perseguir os judeus para sempre." Um outro próximo do "Velho" afirmava: "Os palestinos são diariamente submetidos aos mesmos sofrimentos suportados por Jesus na cruz." Belo exemplo de mimetismo retórico para uso do público ocidental mas que, à sua maneira, diz uma verdade.

os pobres do mundo árabe, os *fedayin* são heróis, a imagem viva do libertador. Como Che Guevara na América Latina, a resistência palestina é uma chama que ilumina os oprimidos e se estende pouco a pouco. Aqui, mais ainda do que em nosso país, a resistência é sinônimo de Revolução e tem um poder messiânico incalculável."[3] Vestígios de um tempo exaltado, lirismo de uma época que deixamos para trás? Talvez: mas, enquanto isso, numerosas esperanças de soluções foram varridas, o conflito se complicou e, pelo mundo afora, nenhum outro suplantou a predileção por este aqui. Consideremos por exemplo o que escreveu Edgar Morin em 19 de fevereiro de 2004: "A verdade é que os palestinos são os humilhados e os ofendidos de hoje e nenhuma razão ideológica conseguiria desviar-nos da compaixão por eles."[4] O argumento não é falso, mas por que esquecer os chechenos, os tibetanos, os sudaneses do Darfur, os congoleses, todos caídos no esquecimento como se a nós só interessassem as vítimas de um país ocidental, aureolados por conta disso de uma glória particular? Vem-nos então a suspeita de que nossa apreensão diante do Oriente Próximo é menos política do que psicológica: não se trata de extinguir uma fonte de tensão, de reconciliar irmãos inimigos, mas de prolongar sobre um teatro estrangeiro nossas próprias mitologias.

---

[3] Georges Montaron e A. Vimeux, *Témoignage Chrétien*, 25 de dezembro de 1969.

[4] Edgar Morin, *Le Monde*, 19 de fevereiro de 2004. (Ed. bras.: Edgar Morin, *O mundo moderno e a questão judaica*. Rio de Janeiro: Bertrand Brasil, 2007.)

"SIONISMO, DNA CRIMINOSO DA HUMANIDADE"[5]

Dois interesses convergem nessa monomania pelo Oriente Próximo: permitir ao mundo árabe transformar o Estado judeu em derivativo cômodo para suas misérias, suas frustrações (a rejeição a Israel é o afrodisíaco mais poderoso dos muçulmanos, dizia com humor Hassan II), e a uma parte da Europa lavar seus deslizes passados em relação ao judaísmo. A condenação de Israel, verdadeiro *Leitmotiv* especialmente para o Quai d'Orsay, valeria a exoneração dos crimes de ontem contra os judeus. Como se os descendentes longínquos dos deportados doravante equivalessem aos carrascos que mataram seus pais com gás. *Sionista*: há muito tempo este adjetivo já era sinônimo de infâmia no vocabulário da propaganda comunista. O próprio Stalin se serviu dele, conjuntamente com cosmopolita, para justificar uma vasta perseguição anti-semita no fim dos anos 40, que só teve fim com sua morte. Mas o vocábulo, transformado em insulto ou até mesmo em obscenidade para a esquerda européia, fez fortuna no mundo árabe-muçulmano, que importou, sem discriminação, toda a propaganda anti-semita européia. Qual crime não foi imputado ao sionismo nas mídias desses países? De ser "uma forma de racismo e de discriminação racial", como afirmou uma resolução de 10 de novembro de 1975 adotada pela assembléia geral das Nações Unidas. De ter fabricado Hitler inteiramente, inventado o mito do Holocausto para obter com ele um frutuoso *business*. Mas também de ser responsável pelo 11 de setembro em Nova

---

[5] *Slogan* repetido pelos manifestantes durante uma passeata de protesto contra a Guerra do Líbano, em Paris, no dia 30 de julho de 2006.

York (o Mossad teria advertido todos os judeus para não irem trabalhar nas torres naquele dia!), de ter forjado o vírus da aids para eliminar a humanidade ou a raça negra, de ter provocado o *tsunami* de dezembro de 2004 com uma explosão nuclear, de estar igualmente envolvido na gripe aviária para enfraquecer a África e a Ásia, de ter pago "debaixo do pano" as caricaturas de Maomé na Dinamarca a fim de pôr cristãos e muçulmanos uns contra os outros, como declarou o aiatolá Khamenei em fevereiro de 2006. A designação ignominiosa define, de agora em diante, qualquer um que julgue normal a idéia de um Estado judeu, uma vez que Israel é, por definição, culpado por existir. Se o sionismo não existisse, seria preciso inventá-lo!

A questão não é minimizar a tragédia palestina, negar a ilegitimidade da ocupação, subestimar a repressão brutal da Intifada, freqüentemente desproporcional, ou as destruições inutilmente cruéis perpetradas contra populações civis, palestinas ou libanesas. De todo modo, a focalização exclusiva do olhar sobre essa região em detrimento das outras tem qualquer coisa de surpreendente. O Estado de Israel está longe de ser irrepreensível, foi construído desde a origem em cima de uma expropriação favorecida pelas guerras que seus vizinhos lhe fizeram, possui seu lote de fanáticos e de extremistas, alimentou vínculos perversos com o regime de *apartheid* de Pretória e da Rodésia, seu exército comete por vezes erros terríveis, mas o sentido é desfigurado ao se fazer dele o anexo do Império do Mal.[6] Não importa o ângulo examinado, o

6 "Porque Israel se comporta mal no momento em que ela própria se comporta mal, a América aprova seu comportamento cada vez mais feroz em relação aos palestinos (...) A incapacidade crescente dos israelenses de per-

Estado hebreu, com efeito, é sempre o criador de problemas, o agente da divisão, aquele que freia a concórdia universal, retarda o tempo abençoado da harmonia — em suma, o espinho no pé da humanidade. Sem ele o globo estaria melhor, pois esse pequeno país põe todos nós em perigo. Ele constitui de fato a ameaça principal à paz mundial, segundo uma pesquisa dirigida pela Comissão Européia em novembro de 2003.[7] Agora nós sabemos: a solução necessária para o problema palestino, ou seja, a criação em Gaza e na Cisjordânia de um Estado com fronteiras reconhecidas não garantirá em nada a paz para Israel, assim como não acalmará os ardores dos cruzados do profeta em guerra contra o Ocidente. É preciso se dedicar a essa causa justa, mas sem ilusões.

Com efeito, quanta paixão é suscitada por esse enfrentamento de baixa intensidade, se comparado com as guerras africanas em que as vítimas se contam aos milhões sem mobilizar tanto as consciências! É de se crer que, na esfera midiática, a vida de um israelense ou de um palestino vale mil, cem mil vezes mais do que a de um africano. Talvez seja necessário ver nessa idéia fixa a evolução de nossa atitude a respeito do problema judeu na Europa. Passou-se da ideali-

---

ceber os árabes como seres humanos em geral é uma evidência para as pessoas que acompanham as informações escritas ou televisionadas (...) Nada mais tranqüilizador, quando se abandona o campo da justiça, do que observar outros fazendo o mal. O que Israel tem de injusto, nesses dias, não choca a potência dominante do Ocidente" (Emmanuel Todd, *Après l'Empire*, Gallimard, 2002, pp. 138-139.) É de se notar a forte proximidade semântica com a linguagem de George W. Bush sobre o "mal", mesmo que o termo não se aplique aos mesmos objetos.

[7] Para 59% das pessoas interrogadas, Israel constitui a principal ameaça à paz no mundo; para 53%, são os Estados Unidos. Em abril de 2004, *Le Nouvel Observateur* confirmava esse sentimento, dando como título, na capa, sob uma foto de Bush e Sharon lado a lado: "Os incendiários".

zação, resultante da revelação do genocídio, ao denigrescimento posterior. O elogio trazia em si a iminência da crítica implacável, a calúnia seguia de perto a idolatria. A imagem do bom judeu, humilde e perseguido, foi substituída pela do colono arrogante e agressivo. Admirava-se o primeiro, desenraizado, vagabundo, testemunha exemplar da condição humana; normal, é expelido, cidadão comum de uma nação que defende a um custo alto sua pele. Incriminam-se os judeus de terem saído de sua fraqueza imemorial, de adotarem a força sem temor. Eles traíram a missão que a história lhes atribuiu, ser um povo de apátridas que não se aferra à estreiteza obtusa das nações. Sua dispersão através do mundo endossava sua grandeza. No momento em que a própria Europa abjura suas pátrias, a ancoragem dos judeus em uma terra em parte roubada de outros equivale a um desastre. Em suma, neles, não se amava uma memória, uma cultura, uma relação precisa com o estudo, com a escrita e com o livro, amava-se a vítima impessoal, pura projeção crística. Seu erro principal? Os judeus reescreveram sem nos consultar o roteiro no qual nós os havíamos confinado, perdendo portanto o direito de nos exigir qualquer prestação de contas. Nação de párias, Israel se tornou então, para as opiniões públicas européias, o pária das nações. "Israel", diz o líder camponês esquerdista-maurassiano* José Bové, "é uma sentinela avançada da colonização liberal." Os termos são judiciosamente escolhidos para conjugar duas abominações: colonialismo e liberalismo. A partir de então, todos os judeus da Europa

---

* Maurassiano: designa um conservador de tendências fascistas, adepto de Charles Maurras, escritor francês (1868-1952). (N.T.)

foram declarados culpados por causa do Estado hebreu, salvo se o repudiarem publicamente. Com suas coberturas maniqueístas do conflito árabe-israelense, as mídias tornaram a atmosfera irrespirável para os judeus e passaram a ser bastante responsáveis pelo sentimento de inquietação que eles vêm experimentando nesses últimos anos. A partir da conferência de Durban contra o racismo na África do Sul em 2000, que deu lugar a uma manifestação violenta de ódio anti-semita, o judeu da diáspora foi intimado a proclamar em alto e bom som sua aversão ao sionismo.[8]

DESMASCARAR O USURPADOR

Pois o verdadeiro judeu hoje fala árabe e usa o *keffieh* quadriculado, o outro é um impostor que se arroga um título de proprietário e perdeu "a magistratura moral do mártir" (Péguy). A antiga vítima virou algoz, porém — e é o detalhe interessante — um algoz que reproduz exatamente os traços do antigo atormentador da Alemanha dos anos 30. Em suma, quando o judeu oprime ou coloniza, transforma-se na mesma hora em nazista, nem mais nem menos. A filiação de Israel ao império invisível do Norte e sobretudo à Babilônia ianque faz dele a reencarnação mais fiel do Terceiro Reich. Os nazistas perseguiram os judeus; depois os judeus se tornaram

[8] O que o filósofo Jean-Claude Milner chama com muita propriedade de "judeu de negação", o de depois das câmaras de gás, que diz não a Israel, que diz não ao nome judeu. "O judeu de negação não derramará uma lágrima diante de uma vítima judia posterior a 8 de maio de 1945", *Les Temps Modernes*, novembro/dezembro de 2005-janeiro de 2006, pp. 12 a 21.

nazistas.[9] Como explicar de outra maneira o florescimento espontâneo da metáfora nacional-socialista sob a pena das inteligências mais brilhantes? Vejam o filósofo Gilles Deleuze a propósito dos crimes do sionismo: "Diz-se que não é um genocídio. No entanto, é uma história que tem muito de Oradour*, desde o princípio. O terrorismo sionista não era exercido somente contra os ingleses, era exercido em vilarejos árabes, que iriam desaparecer. O Irgun** foi muito ativo nesse aspecto (Deir Yassin)." Ele dirá ainda a propósito da operação de Israel, no sul do Líbano, em 1978: "Encontramo-nos em uma situação análoga à da guerra da Espanha, quando esse país serviu de laboratório e de experimentação para um futuro mais terrível ainda."[10] Aos que se espantam com o mimetismo entre Israel e o regime hitlerista, basta por exemplo se lembrar dos elos de parentesco profundos do movimento sionista, ainda nos anos 20, com o nacional-socialismo alemão, a visita entusiasmada feita em 1933 por um dos primeiros SS austríacos, Leopold Itz von Mildenstein, à Palestina e os artigos elogiosos sobre o sionismo

---

[9] Como escrevia Vladimir Jankélévitch: "O anti-sionismo é a esse respeito uma rara chance, pois ele nos dá permissão e até o direito e o dever de ser anti-semita em nome da democracia! O anti-sionismo é o anti-semitismo justificado, posto finalmente ao alcance de todos. Ele é a permissão de se ser democraticamente anti-semita. E se os judeus fossem eles próprios nazistas? Seria maravilhoso. Não seria mais necessário lamentá-los: eles teriam merecido sua sorte." *L'Imprescriptible*, Seuil, 1986, pp. 19-20.

* Oradour-sur-Glane: vilarejo do Limousin, cenário de uma execução sistemática pelas SS em 10 de junho de 1944, com 642 vítimas oficiais; conservado em estado de ruína. (N.T.)

** Irgun: Organização militar clandestina judia fundada em 1937, ativa contra os árabes palestinos e os britânicos até a proclamação do Estado de Israel em 1948. (N.T.)

[10] Gilles Deleuze, *Deux régimes de fous*, Minuit, 2003. Citado por Éric Marty, *Le Meilleur des mondes*, Denoël, 2006, pp. 8 e 11.

que ele redigiu para *Angriff*, o jornal de Joseph Goebbels.[11] A Israel não se concede nenhuma gradação, nenhuma hierarquia na apreciação: em relação a ele, a nuance está proibida, é instantaneamente levada aos extremos! Quer se retire do Sinai, do Sul do Líbano ou da Faixa de Gaza, nada será considerado a seu favor. Israel, é verdade, deixou de ser o credor moral do Ocidente: a tomada de Beirute em 1982, a observação passiva dos massacres de Sabra e Chatila, a colonização sistemática da Cisjordânia, a repressão severa, por vezes desmedida, da Segunda Intifada, os assassinatos planejados de líderes extremistas, a construção do Muro que devora as terras cultiváveis e separa famílias, os bombardeios sobre o Líbano, durante o verão de 2006, em represália aos ataques do Hezbollah dilapidaram o capital de simpatia de que gozava em seus primórdios. Israel, como notou o historiador Elie Barnavi, perdeu a batalha da imagem. Mas é também, dado que é uma democracia, por deixar em geral mídias e televisões livres para cobrir os acontecimentos, inclusive os crimes cometidos por seu próprio exército. Foi em Tel Aviv, lembremo-nos, que ocorreu a maior manifestação de protesto contra Sabra e Chatila, que obrigou o general Sharon à demissão. Emmanuel Levinas já dizia em 1963: "Israel não se tornou pior do que o mundo à sua volta apesar do que dizem os anti-semitas, mas deixou de ser o melhor."[12]

---

[11] Rosa Amelia Plumelle-Uribe, *La Férocité blanche*, op. cit., pp. 277-278. Este caso foi citado por Tom Segev, *Le Septième million: les Israéliens et le génocide*, pp. 40-41, Liana Levi, 1993. Essa aliança, bastante provisória, visava a poupar a vida de um máximo de judeus alemães organizando sua transferência para a Palestina.

[12] Emmanuel Levinas, *Difficile liberté*, Albin Michel, 1963, p. 16.

Trabalho inútil: todo o esforço da maioria dos intelectuais, com a exceção notável de Michel Foucault, consistiu, ao contrário, em criminalizar essa nação uma vez que, sobre ela, só o nome de Hitler nos vem à cabeça. Israel talvez seja o único Estado no mundo a respeito do qual sempre se repete que tem direito de existir dentro de fronteiras seguras e reconhecidas. Esse enunciado é em si surpreendente, uma vez que sugere imediatamente o inverso: que este direito é em si um privilégio exorbitante. Os puros de ontem se transformaram em monstros. Na Europa, a questão palestina só serviu para legitimar de novo, com tranqüilidade, o ódio aos judeus. É o caso de dizer com Bernard Lewis: "Na verdade, os árabes nada mais são do que um porrete para bater nos judeus."[13] Há outro exemplo, como estes extratos de uma publicação intitulada "Israël-Palestine: le cancer" e assinada por Edgar Morin, Sami Naïr e Daniele Sallenave: "Os judeus, que foram humilhados, desprezados e perseguidos humilham, desprezam e perseguem os palestinos. Os judeus, que foram vítimas de uma ordem implacável, impõem sua ordem implacável aos palestinos. Os judeus, vítimas da desumanidade, mostram uma terrível desumanidade (...) o povo eleito age como a raça superior." "Comportar-se como povo eleito por Deus não só é estúpido e arrogante como é um crime contra a humanidade. Chamamos isso de racismo", escreveu o filósofo norueguês Jostein Gaarder, autor do célebre romance *O mundo de Sofia*, que suspeita, ademais, que alguns israelenses premeditam "com a ajuda de Deus, uma solução final para a questão palestina" (5 de agosto de 2006, *Aftenposten*). Reversibilidade instantânea: se os judeus oprimem, é neces-

[13] Bernard Lewis, *Le Retour de l'islam*, Gallimard, col. "Folio histoire", 1985 para a tradução francesa, p. 250.

sariamente à maneira da Besta Loura, como reprodutores fiéis das abominações sofridas no passado na Alemanha e na Polônia. O simples fato de terem sido perseguidos e exterminados pelos nazistas os transforma em nazistas potenciais. A Guerra do Líbano é equiparada à política alemã do *Lebensraum*, do espaço vital. A Faixa de Gaza é Auschwitz,[14] Jenin também, o sionismo é o irmão gêmeo do nazismo.[15] A intransigência *a posteriori* contra o nacional-socialismo permite destituir melhor o judeu que não se arrepende de Israel. Essa sinonímia, com o poder nocivo que implica, procede de um salto teórico deplorável, sob a pena de intelectuais supostamente mestres da distinção. Nazificar os israelenses é deslegitimar o Estado de mesmo nome, é também judaizar os árabes, transferir o antigo combate contra a ignomínia para as margens do Jordão. É finalmente justificar antecipadamente o eventual desaparecimento de Israel, essa "entidade usurpadora".

[14] Uma caricatura publicada na Itália em maio de 2006 por *Liberazione*, órgão do Partido Rifondazione Comunista (PRC), um dos pilares da coalizão de centro-esquerda de Romano Prodi, mostra, na entrada da Faixa de Gaza, arames farpados e um portal com uma inscrição no alto: "A fome liberta", alusão evidente a "O trabalho liberta" na entrada de Auschwitz.

[15] Na primavera de 2002, José Saramago, prêmio Nobel de literatura português, em visita a Ramallah, então sitiada pela Tsahal, escreveu: "Eu vi em Ramallah a humanidade oprimida e humilhada como nos campos de concentração nazista." A uma jornalista, ele confiou: "O que está acontecendo na Palestina é um crime que nós podemos interromper. Nós podemos compará-lo a Auschwitz." À objeção da jornalista: "Onde estão as câmaras de gás?" Saramago responde: "Não vão demorar a chegar." (*Le Monde*, 24 de maio de 2002.) Já o escritor sul-americano Luis Sepulveda afirma em um livro intitulado *Une sale histoire*: "Hoje como ontem, odiamos os nazistas pelo que infligiram aos judeus, aos ciganos, aos homossexuais, aos opositores. Hoje, amanhã, os judeus serão odiados devido ao que uma casta guerreira, comandada por Sharon, inflige aos palestinos. Em Auschwitz e em Mauthausen, em Sabra, Chatila e Gaza, sionismo e nazismo dão as mãos um ao outro" (Anne-Marie Métailié, 2005, p. 44).

DO BOM USO DA BARBÁRIE

Poucas culturas como a da América experimentam tamanha volúpia em contemplar seus defeitos, em exibir suas baixezas com uma candura que beira a complacência. Leva-nos a pensar às vezes na observação de Freud sobre "os bárbaros das invasões que matavam e depois faziam penitência, a penitência se tornando por essa feita uma técnica que permitia o assassinato".[16] Os demônios enterrados nos subsolos: são eles que nos fascinam nos Estados Unidos, esse país do tudo visível. A aposta americana: colocar a selvageria a serviço do direito, fazer do mal um ingrediente necessário ao bem. Ao contrário da Europa que, a partir de 1945, transformou a violência em tabu, resíduo de épocas primitivas. A ponto de ter sido até sugerido suprimirem-se os hinos nacionais no começo das partidas de futebol para não despertar um chauvinismo assassino. Como não ver contudo que os campos de futebol ou de *rugby* são os substitutos dos campos de batalha de antigamente e que é melhor assistir a brigas de torcedores, até a arruaças depois das partidas, do que à movimentação de soldados e blindados? A Europa não tolera a violência senão explicando-a por meio de desgraça social, humilhação, pobreza. Uma barbárie recalcada (o Velho Mundo) se opõe assim a uma barbárie contida (o Novo Mundo). Barbárie mal contida, entretanto, a deste último, se levarmos em conta a agressividade das forças policiais, a segregação persistente, um sistema carcerário aterrador, a guerra de gangues, o uso de armas de fogo, a tortura legalizada no exército. O que fascina na América é a violência acoplada à ordem (e ao sentimentalismo), são os personagens altamente ambíguos, o *cowboy*, o xerife, o justiceiro, o pioneiro, no limite da ruptura, mergulhando no caos para fundar outra vez a lei. A ponto de a própria ordem jamais ser simplesmente ordem, como

[16] Sigmund Freud, prefácio de *Os irmãos Karamazov* de Dostoievski.

na Europa, mas parecer estar sempre prestes a se transformar em fúria, a se ver tomada por uma veemência incontrolável.

A Europa vive sob o espectro "das explosões de bestialidade coletiva" (Stefan Zweig) que marcaram sua história durante séculos. Ela teme seu retorno. Ela se lembra da observação de Diderot segundo a qual é mais fácil para um povo esclarecido retornar à barbárie do que para um povo bárbaro avançar um só passo em direção à civilização. Mas, para evitar a recaída na desumanidade, será que não é necessário reconhecê-la em cada um de nós e não negá-la? E, assim como Pascal pedia à razão para "alojar seu inimigo nela mesma", uma democracia deve, sob pena de fraqueza, abranger seu contrário sem se deixar destruir por ele, colonizar para seu proveito valores hostis ao seu desenvolvimento, como o furor, a intransigência e o fanatismo, prosseguir no caminho em meio aos perigos que podem matá-la mas também fortificá-la. Ela deve contar com a violência para melhor sublimá-la, orientá-la para fins positivos. Capacidade assombrosa da América de viver com uma dose de anarquia estrutural, de extremismo e de caos que, na Europa, nos mataria. De tal maneira que, na América, a regularidade nasce paradoxalmente de um estado de crise permanente. Assim, se não temêssemos simplificar, diríamos que dois sonhos se enfrentam no seio de nossas democracias. Um quer erradicar a maldade humana apenas com as virtudes do diálogo, da tolerância, da lembrança incessante dos horrores passados. O outro, pôs a má natureza do homem a serviço da perfectibilidade social, preservar a energia do mal para desviá-la para objetivos nobres. Barbárie criativa que visa a transformar as paixões ignóbeis em paixões generosas. Angelismo da bondade de um lado, contenção e sublimação da ferocidade do outro.

UMA ARBITRAGEM DELICADA

A França moderna, sabe-se, encontra-se dividida entre duas memórias dolorosas: a de Vichy e a do Império, mas são duas memórias de peso desigual. A colonização parece menos pesada de carregar do que a colaboração, por uma razão simples: a derrota de 1940 e a ocupação comprometeram o conjunto do país, conspurcaram-no tanto quanto o rebaixaram, a despeito de uma resistência minoritária e corajosa. Desse traumatismo nosso país, meio século depois, se recupera com dificuldade.[17] A aventura colonial, em compensação, por mais brutal e sangrenta que tenha sido muitas vezes, e a despeito do forte *lobby* na Assembléia durante a Terceira República, afinal envolveu apenas uma fração de nossos compatriotas. Como demonstra o rancor dos repatriados da Argélia, que se sentiram bem depressa abandonados por uma metrópole indiferente a essas expedições. O imperialismo francês, promovido por Jules Ferry, não foi exercido por uma superabundância de forças, um excesso de vitalidade, mas pela obsessão de um fracasso, a vontade de reparar a humilhação de 1870, a angústia de não estar mais à altura das grandes potências européias. Foi um "fenômeno de compensação" (Raoul Girardet) visando a evitar a queda em um destino medíocre, capricho de uma elite obcecada pela grandeza, não o desejo do conjunto da comunidade nacional.[18]

---

[17] Ver a esse respeito Henry Rousso, *Le Syndrome de Vichy: 1944-1987*, Seuil, 1987, bem como a obra do universitário americano Richard J. Golsan, *Vichy's afterlife*, University of Nebraska Press, 2000.

[18] Raoul Girardet, *L'Aventure coloniale en France*, Pluriel, 1972, pp. 410-411. Ver também o artigo de Marcel Merle sobre o anticolonialismo em Marc Ferro, *Le Livre noire du colonialisme*, op. cit., pp. 816 a 861, bem como a obra de referência sobre o tema: Charles-Robert Ageron, *France coloniale ou parti colonial?*, PUF, 1978.

Os franceses, a não ser no caso da Argélia, colônia de povoamento, marcharam tão apaticamente para as aventuras de ultramar que os governantes tiveram que criar um verdadeiro departamento de propaganda, a Agência Econômica das Colônias, que tinha por missão desenvolver em todo o país, por intermédio de exposições e filmes, "a fibra imperial"[19] da população. A vergonha da derrota militar, da participação do governo Pétain na deportação dos judeus (enquanto na Dinamarca, por exemplo, que salvou todos os seus judeus, o próprio rei decidiu ostentar a estrela amarela em sinal de solidariedade) sobrepujou a das conquistas africanas ou asiáticas, consideradas hoje, pela maioria, aberrações de uma outra época. Entre aventura colonial e acomodação com o hitlerismo, é deste último pecado que é melhor se exonerar. Se podemos provar que os judeus, uma vez constituídos em Estado, reproduzem sobre os mais fracos o que sofreram no passado por parte dos mais fortes, então a passividade ou até mesmo a cumplicidade das nações européias *vis-à-vis* o Terceiro Reich diminui na mesma proporção.

Israel é, pois, duas vezes condenável: apêndice ocidental enquistado no Oriente, mascara seu apetite territorial sob o abrigo de um erro irreparável, o genocídio, como se os árabes devessem pagar por um crime cometido no passado na Europa. À antiga censura de cosmopolitismo dirigida ontem pela extrema direita responde a de ilegitimidade feita pela esquerda. E então o ódio ao Ocidente se transforma doravante em ódio aos judeus, que se tornam sua comunidade emblemática, depois de terem sido durante séculos o bode expiatório. Por conta disso, o conflito palestino-israelense é visto como "o símbolo da negação do direito árabe e muçul-

[19] Pascal Blanchard, *Le Nouvel Observateur*, 3-9 de novembro de 2005.

mano pelo mundo ocidental"[20]. Por isso, ainda, a inacreditável tolerância de nossas elites intelectuais, políticas e midiáticas em relação ao terrorismo palestino: atentados ou bombas humanas são condenados, mas com reservas, por vezes até justificados como um ato de desespero, de quitação legítima das selvagerias cometidas pelas forças armadas judias. Nenhum horror dos candidatos ao suicídio, com suas mitologias grotescas das 70 virgens aguardando-os no Paraíso, chegará a compensar, aos olhos deles, a ignomínia dos israelenses. Pouco importam as vítimas dessas explosões e ainda menos a cultura de morte difundida entre a juventude da Cisjordânia e de Gaza. Pois nossa indulgência é totalmente impregnada de condescendência: ninguém se pergunta se esses encorajamentos lançados por militantes abrigados em seus bastiões europeus ou americanos não são antes de tudo ruinosos para os próprios palestinos, e se não comprometem seu desejo de paz e decência, uma vez que há "momentos em que as populações aspiram a poder criar os filhos em outro lugar que não os cemitérios (Jean Daniel)"[21]. Nosso fascínio, via telas interpostas, pelos banhos de sangue, pelas execuções coletivas, pelo martírio redentor do Hamas ou da *jihad* islâmica não é somente pornográfico, como era o júbilo de Baudrillard diante do desmoronamento das torres de Nova York. Ele prova sobretudo nosso desprezo por esse povo reduzido a simples projéteis humanos. Preferimos manifestamente a estética do crime à ética do compromisso.[22]

---

[20] Pascal Boniface, *Le Nouvel Observateur*, 12 de maio de 2005.

[21] Em Germaine Tillion, *Les Enemis complementaires*, Éditions Tirésias, 2005, prefácio de Jean Daniel.

[22] Sobre a excitação e quase prazer provocados pelas bombas humanas sobre a *intelligentsia*, ver a excelente análise de Paul Berman em *Les Habits neufs de la terreur*, Hachette Littérature, 2004 para a tradução francesa, capí-

Foi por conta disso, finalmente, que a *intelligentsia* francesa e uma parte da esquerda, apesar de um antifascismo desdenhoso elevado ao nível de mística republicana, mantiveram a boca fechada diante da vaga de judeofobia de origem imigrada que atingiu a França depois da Segunda Intifada (e em cujo contexto se situa o assassinato por tortura do jovem Ilan Halimi por uma gangue de periferia em 2006, mistura de ato criminoso e racista). Muitos se aferraram a uma denegação nebulosa, quando não acusavam os interessados de paranóia ou até de provocação.[23] É sintomático que a França, sempre que se vê com problemas em relação a sua identidade, incrimine seus judeus mesmo que hoje em dia seja através de um prisma do Oriente Próximo. Relação passional: a França praticamente se sublevou para defender a reputação de Alfred Dreyfus, acusado de traição. "Uma nação capaz de se dividir por causa da honra de um capitãozinho judeu é uma nação aonde é preciso ir sem demora", dizia seu pai lituano ao futuro

---

tulo 6, notadamente a partir dos exemplos de Breyten Breytenbach e José Saramago.

23 O relato dessa mentalidade está no livro do filósofo Alain Badiou, *Circonstances 3, Portées du mot "Juif"*, Éditions Lignes, novembro de 2005. Nesta obra, o autor compara o Estado de Israel como Estado arcaico com a França de Pétain e o descreve como "a forma exterior de natureza colonial adotada pela sacralização do nome judeu", Estado que planejaria de resto o genocídio dos palestinos. Para Badiou, retomando o antijudaísmo tradicional da Igreja, o verdadeiro judeu é o que deve se anular como judeu e se fundir no meio dos outros homens. Para ele, dizer-se judeu é desencadear imediatamente a paixão anti-semita. Uma dupla conclusão se impõe: é preciso eliminar Israel e convidar os judeus a se apagarem como judeus, a se tornarem *goys* como os outros. O verdadeiro judeu é o que aspira ao seu próprio desaparecimento. Sobre o livro de Alain Badiou, ler-se-á notadamente Éric Marty, Alain Badiou, "L'Avenir d'une négation", *Les Temps Modernes*, inverno de 2005-2006.

filósofo Emmanuel Levinas[24] antes da Segunda Guerra Mundial. Mas, nos anos 2000, os guardiões do dogma resistencialista, que caçavam em toda parte os menores traços de complacência com a doutrina nazista, se transformaram de repente em cúmplices das afrontas, dos insultos, dos golpes desferidos sobre seus concidadãos israelitas. Claro, nada que se compare aos anos 30, só uma certa implicância, suspeitas para envenenar a vida cotidiana. Não faltaram vozes autorizadas para explicar os acontecimentos pelo contexto, como o simpático José Bové que acusou o Mossad em 2001, em um programa de Karl Zéro, no canal +, de queimar sinagogas gaulesas para fomentar agitações (ele se desculpará em seguida se, com suas proposições, tiver "ferido sensibilidades"). Quando o cientista político Pascal Boniface, em uma nota confidencial aos dirigentes do partido socialista em abril de 2001, aconselhou-os, por simples cálculo eleitoral, a abandonar o voto judeu (500.000 na França) em favor do voto muçulmano (5 milhões), ele estava apenas fazendo honestamente seu trabalho.[25] Obrigados a se decidir entre duas minorias, muitos intelectuais, simpatizantes ativos da causa palestina, preferiram, em nome de um anti-racismo estrito, abandonar os

---

[24] Citado por Alexis Lacroix, *Le Socialisme des imbéciles, Quand l'antisémitisme redevient de gauche*, La Table Ronde, 2005, p. 38.

[25] Pascal Boniface, diretor do Instituto de Relações Internacionais e Estratégicas (IRIS) advertia nesta nota os dirigentes do Partido Socialista e o governo de Lionel Jospin contra suas simpatias pró-israelenses que os faziam correr o risco de perder o voto muçulmano. Lionel Jospin tinha, um pouco antes, durante uma viagem ao Oriente Próximo, qualificado o Hezbollah de movimento terrorista. O "teorema Boniface" se tornou em ciência política uma denominação para qualificar as práticas clientelistas. A nota está reproduzida em anexo do livro do autor: *Est-il permis de critiquer Israël?*, Robert Laffont, abril de 2003. Título singular que poderia ser enunciado ao contrário: é permitido não criticar Israel?

judeus em favor dos árabes, julgando estes últimos injustamente favorecidos e os primeiros injustamente deserdados, passando por cima do sentimento de solidão e de abandono dos primeiros. Os atos de violência, o fato de que, na França, muitos homens e mulheres não possam mais percorrer as ruas de uma cidade com um quipá na cabeça ou exibindo uma estrela de Davi, que as crianças judias não possam mais ser educadas em qualquer escola, foram desculpados pelo mal-estar dos jovens da periferia. Estes últimos foram deixados à vontade, em doses homeopáticas, para liberar suas tensões em cima dos mais fracos.[26] Não, a Europa não voltou aos ímpetos do período entre as duas guerras, ela chegou mesmo a erigir barreiras morais e jurídicas para prevenir o retorno da Besta Imunda. Mas ela pode praticar, eventualmente, um anti-semitismo por abstenção em nome de uma preocupação louvável de eqüidade e tranqüilidade. (O que não impede de forma alguma, por outro lado, a ocorrência de um racismo equivalente em relação a imigrados da África do Norte ou da África negra, ou agressões ignóbeis contra os estrangeiros de cor.) Como não evocar, a esse respeito, o caso do soldado britânico na Palestina que, em 1947, testemunha dos enfrentamentos diários entre judeus e árabes, não conseguia se decidir qual dos dois grupos ele desprezava mais? Em todas as grandes cidades do Velho Mundo, prefeitos e governantes, para evitar a importação para sua comuna do conflito israelo-

---

[26] "Hitler teria dado um bom muçulmano", exclamou um aluno a seu professor que, pouco depois do 11 de setembro, lhe explicava, em uma escola do nordeste de Paris, que Hitler matara 6 milhões de judeus (*International Herald Tribune*, "An Entrenched French Problem: Antisemitism", 24 de março de 2006).

palestino, talvez um dia tenham que se decidir entre fortes comunidades muçulmanas e uma pequena comunidade judia. Não ousamos imaginar qual das duas eles abandonarão. Diante das minorias vociferantes, apoiadas por uma forte diáspora exterior, a paz social bem vale alguns sacrifícios.

O DUPLO MALDITO

Para seus detratores, o Império do Mal é bicéfalo, funciona em linha, por cultivo recíproco dos mesmos defeitos, em Washington bem como em Jerusalém. Os lobos sustentam os lobos. Nós descartamos o crime da Shoah em cima de Israel, mas é em cima dos Estados Unidos que nos livramos do pecado colonial. Pois a malvada América condensa em um só lugar, um só povo, um só sistema toda a abjeção de que a Europa foi no passado capaz. Parasita, assassina, arrogante, parece revestida de todos os signos nos quais se reconhece a culpa do Ocidente: tão rica quanto desigual, dominadora, poluidora, fundada sobre um duplo crime, o genocídio dos índios e o tráfico dos negros, não prosperando senão pela ameaça e os canhões, liberal nas palavras, protecionista de fato, indiferente às instituições internacionais que ela hipocritamente apóia, inteiramente devotada ao culto da nota verde, a única religião desse país materialista. E a América de George W. Bush oferece há anos o espetáculo alucinante de uma grande potência ocidental recomeçando, em nome da luta contra o terrorismo, o projeto imperialista no Iraque e no Afeganistão quando todas as capitais européias renunciaram a ele. Para que o Velho Mundo, manchado por seus erros passados, possa reencontrar nas costas do grande-irmão de além-

Atlântico uma virgindade perdida, é preciso que o Satã americano exerça diversos papéis contraditórios: suficientemente próximo para reunir os traços que detestamos em nossos países, mas suficientemente afastado para não dissimular uma distância intransponível. Ele deve ser o maldito da família, a progenitura desonrosa, o cancro oculto no coração do Ocidente. Como o anti-semitismo, alergia à "mínima alteridade" (Vladimir Jankélévitch), o ódio é dirigido ao muito próximo cuja intolerável proximidade repudiamos. A América talvez seja um duplo da Europa, mas no sentido de que os pais mais sadios podem engendrar anormais e nutrir em relação a eles sonhos infanticidas. A partir de então, nosso mal-estar deixa de se transformar em autoflagelação e se desloca para esse terceiro providencial, símbolo do crime absoluto. Madrasta arrependida, a Europa quer refazer uma virgindade sobre o assassinato simbólico de sua filha de além-Atlântico, a qual concentra todas as características negativas de suas pátrias de origem (é por essa razão que o antiamericanismo é em nossos países um verdadeiro passaporte para a notoriedade: ele valeu ao dramaturgo inglês Harold Pinter, feroz detrator de Bill Clinton e de George W. Bush mas, por outro lado, membro do comitê de apoio a Milosevic, o prêmio Nobel de literatura em 2005 e a Michael Moore a Palma de Ouro em Cannes por seu documentário "Fahrenheit 9/11" em 2003).

E para uma Europa declinante, espectadora e não mais atriz da história, que reconfortante ver o mais formidável exército do mundo derrotado por um punhado de jihadistas no Iraque, que bela desforra conseguida sobre o Novo Mundo, surdo às nossas advertências, embriagado com suas certezas. A fobia da América, nossa última religião cívica na Europa ocidental, permite-nos escapar da consciência pesada, afiliando-nos aos continentes antigamente colonizados. A França, a Alemanha, a Espanha, a Itália, transformadas em anões políticos, parecem proclamar aos olhos da opinião pública: nós nos divorciamos do Ocidente para nos aproximarmos do Sul, nossos interesses são idênticos.

> *Que se permita a um intelectual, ao que parece de direita, dizer tranqüilamente por que ele se sente rigorosamente solidário com o Terceiro Mundo (...) por que ele acha que a cultura européia e o modo de vida ocidental são doravante entidades distintas, por que ele espera e quer acreditar que a luta do futuro se resumirá em uma fórmula: a Europa e o Terceiro Mundo unidos contra o Ocidente.*[27]

Estranha sorte a da palavra Ocidente, rejeitada pela extrema direita e pela extrema esquerda, vituperada pelos nazistas mesmo que alguns grupúsculos tenham conseguido reivindicá-la. Ela sempre significou, nas propagandas nacionalistas da Europa, o mal que vem do Oeste: de Dostoievski, eslavófilo militante que opunha a Santa Rússia à "maldita escória liberal", até Thomas Mann defendendo em seu *Diário* de 1914-1918 a alma alemã contra a civilização mecânica propagada pela França e pela América, sem esquecer Heidegger distinguindo o mundo desumanizado da técnica, encarnado pelos EUA e a URSS, da autenticidade germânica.[28] E assim cada país europeu pode ser o Ocidente do outro, e a Europa inteira pode atirar o conceito apenas em cima da América.

---

[27] Alain de Benoist, *Europe, Tiers-Monde, même combat*, Laffont, 1986.

[28] "O planeta está em chamas. A essência do homem saiu dos trilhos. A reflexão histórico-mundial só pode vir dos alemães, mas com a condição de eles encontrarem e defenderem sua 'germanidade'." Curso sobre Heráclito,

Para a esquerda, a "Western Civilization" traduz falência da modernidade, devastação do globo, esmagamento das singularidades e das minorias, escravidão e massacre dos povos. Para além desse *páthos* comum, há na idéia de Ocidente uma dupla natureza, filosófica e geográfica. Se retivermos apenas a última, podemos, como Samuel Huntington, pedir ao Ocidente que renuncie a qualquer ingerência, que permaneça em casa para evitar o choque das culturas. Se privilegiarmos, ao contrário, o primeiro aspecto, há nessa noção uma carga explosiva, uma riqueza semântica que abala a ordem das coisas, que se estende bem além de nossos continentes e se confunde com a emancipação do Iluminismo.[29]

Separar o Velho e o Novo Mundo, é também a estratégia da Al Qaeda e do presidente iraniano Ahmadinejad, que prometem indulgência com o primeiro se ele se comportar bem e renegar o segundo. Quantos países da Europa estariam prontos a obedecer a esta injunção uma vez que obtêm sua principal glória resistindo ao Tio Sam? Excomungar a prima americana é dar a entender que se passou finalmente, após séculos de erros, para o campo correto dos oprimidos e dos resistentes. Fazer parte dos vencidos, escrever a história a partir de baixo, é o que parece ser o nosso sonho. É possível que cheguemos lá mais cedo do que previsto.

---

verão de 1943, *Œuvres complètes*, tomo 55, p. 123. Citação assinalada e traduzida para o francês por Luc Ferry.

[29] Assim é que, para Jürgen Habermas, a abertura da República Federal Alemã à cultura ocidental é "a maior realização intelectual de nosso pós-guerra", a única que autoriza o patriotismo constitucional evitando que a Alemanha recaia na ideologia centro-européia. *Devant l'Histoire, Les documents de la controverse sur la singularité de l'extermination des Juifs par le régime nazi*, Cerf, 1988, prefácio de Luc Ferry, introdução de Joseph Rovan, p. 57.

BOUNTY*, CAPPUCCINO**, PAI TOMÁS***

Converter o estigma em qualidade: sempre foi o reflexo do dominado, do esmagado, do escravo. "Quero na minha face a glória resplandecente da cusparada", diz magnificamente o escritor Aimé Césaire. Proletários, vagabundos, párias e homossexuais sentiram o orgulho da condenação lançada sobre eles e cantaram a beleza do degradado, do aviltado, do denegrido, dos que lêem na própria derrota a promessa de uma redenção. Mas, no motivo de orgulho do que somos, não existe um risco de mais uma vez transformar a cor da pele em barreira que separa o Bem do Mal? Melanina contra despigmentação: todos os traidores, todos os vendidos serão então classificados de *bounty, cappuccino, pai Tomás*, pretos por fora, brancos por dentro. "Racializam-se" de novo os desacordos, se um negro pensa diferente dos outros, se pensa como um *toubab*****, é porque ele é necessariamente "branco", lacaio ventríloquo, traidor dos seus irmãos. Passará então por "fura-greves do sindicato étnico" dedicado à defesa dos interesses comunitários (Jim Sleeper).[30] Onde então classificar os mestiços, os mulatos, os de um quarto de sangue, os de um oitavo, os pardos, todos os que não se sentem nem pretos nem brancos e cuja indeterminação perturba os obcecados por classificação? Se quisermos pôr abaixo o velho preconceito que associava,

* *Bounty* (marca de chocolate recheado de coco): muito pejorativo, pessoa de cor negra (N.T.)

** *Cappuccino*: negro que se comporta como branco, na gíria das periferias. (N.T.)

*** *A cabana do pai Tomás*: livro que conta a história da vida dos negros nos estados escravagistas da América do Norte. (N.T.)

**** *Toubab*: africano que adotou o modo de vida europeu. (N.T.)

30 Jim Sleeper, *Du racisme libéral: comment la fixation sur la race a miné le rêve américain*, 2002, Rowman & Littlefield Publishers, Boston. Citado por Géraldine Faes e Stephen Smith, *Noir et Français*, op. cit., p. 385.

entre os muçulmanos e os cristãos, o negror da pele ao negror da alma, "a maldição de Cam"[31] será fundamental. Será preciso então fazer da negritude, da africanidade um modo de pensamento, de conduta, definir um vínculo fundamental entre o patrimônio genético de um indivíduo e suas qualidades intelectuais ou morais, redistribuir de outra maneira os atributos de inferioridade e de superioridade? Existe uma razão negra, uma razão branca, uma guerra de epidermes? Desde quando a biologia determina uma pessoa, salvo para reencontrar os postulados do pensamento colonial e do racismo "científico" do século XX? Cegueira do pensamento progressista: não pode existir racismo antibranco ou anti-semitismo entre os antigos oprimidos ou os jovens de periferia uma vez que eles mesmos sofreram com este mal. Eles são vítimas, são imunes aos preconceitos que atingem a maioria da população. Mas é o inverso que ocorre: o racismo se multiplica com uma rapidez exponencial entre grupos e comunidades, os tabus desabam, tudo se explica em termos de física, de identidade, de pureza e de diferença. E é um racismo ainda mais seguro de sua razão por se ver como uma reação legítima de perseguidos. Eis que renasce a obsessão do *pedigree*, das velhas distinções oriundas da escravidão, eis que se acumulam os preconceitos em nome do anti-racismo. Fim do conceito de humanidade como unidade do múltiplo, triunfo das espécies humanas incompatíveis umas com as outras.

[31] Justificativa religiosa que explica a escravização dos negros pelo Gênesis: "Noé trabalhava numa vinha. Um dia ele bebeu o vinho e embriagou-se. Um de seus filhos, Cam, teria então zombado dele, diferentemente dos outros irmãos, Sem e Jafé. Quando Noé ficou sabendo, maldisse Canaã, o mais jovem dos filhos de Cam, declarando que ele seria 'para seus irmãos o escravo dos escravos'." (Olivier Pétré-Grenouilleau, *Les Traites négrières*, op. cit., p. 31.)

IV

O fanatismo da modéstia

"Os velhos gostam de ditar
bons preceitos como consolo por
não estarem mais em condições de dar
maus exemplos."

La Rochefoucauld

UMA CONVERSÃO TARDIA À VIRTUDE

Esquecemos com muita freqüência: a Europa contemporânea não nasceu, como os Estados Unidos, de um juramento coletivo: tudo é possível. Nasceu do cansaço das hecatombes. Foi preciso o desastre total do século XX para que o Velho Mundo caísse na virtude, semelhante às prostitutas que a idade conduz sem transição do deboche à carolice. Sem os dois conflitos mundiais e seu cortejo de horrores, nunca teria germinado essa aspiração à paz que se confunde com aspiração ao repouso. Nós passamos de selvagens a bem-comportados por saturação de assassinatos, de intemperança criminosa. Nós nos tornamos sensatos talvez, mas é uma sensatez de bestas empanturradas, cansadas das carnificinas, resignadas a projetos de menor envergadura. (Sobre isso podemos arriscar a seguinte hipótese: enquanto a repressão dos instintos era a norma no Ocidente, as nações mais agressivas compensavam o recalque com expedições coloniais ou guerreiras. Uma vez levantadas as censuras, o espírito de paz prevaleceu, o desejo pôde doravante se realizar no teatro íntimo, se satisfazer sem subjugar.) A democracia européia evoca a convalescença que povos outrora muito turbulentos se impunham após ter perdido o gosto pelas batalhas: democracia de pequenos passos, de "modéstia construtiva" (Pierre Rosanvallon) ao contrário da imperial religião política,[1] em que se transformou nos Estados Unidos. É o que resta na Europa quando os outros sonhos foram abandonados: um espaço de grande diversidade onde é agradável viver, realizar-se, enriquecer-se se possível na vizinhança das obras-primas culturais. Admirável ambição, certamente, uma vez que esse tipo de governo limita os estragos em vidas humanas, faz a economia da violência e evita qualquer proselitismo em matéria de direitos humanos. Mas essa calma seria perfeita em um tempo de grande serenidade, em um mundo que tivesse enfim alcançado "a paz perpétua" (Kant). Ora, o contraste é surpreendente entre o idílio com que os europeus se iludem — o direito, o diálogo, o respeito, a tolerância, o multilateralismo — e a tragédia vivida pelo mundo em volta: a Rússia autocrática, o Irã agressivo, o Oriente Médio destroçado, a África instável, a Coréia do Norte ameaçadora. A Europa não acredita mais no mal, ela só conhece os mal-entendidos

---

[1] A exemplo destas frases de Pierre Rosanvallon (*Le Monde*, 22 de fevereiro de 2005): "O universalismo dogmático que caminha junto com a apreensão da democracia como religião política é portador de uma arrogância insuportável e ainda multiplicada por sua ingenuidade espontânea. A democracia concebida como uma experiência, ao contrário, abre a porta para um verdadeiro universalismo, um universalismo experimental. Reconhecendo que somos todos aprendizes de democracia, essa abordagem permite instaurar um diálogo muito mais igualitário entre as nações! A democracia é um objetivo a realizar — estamos ainda longe da constituição de uma sociedade de iguais e de um domínio coletivo das coisas — ela não é um capital que já possuíamos. A Europa freqüentemente esteve bem longe de uma tal modéstia construtiva. Mas somente se ela se tornar defensora de uma filosofia dessas é que poderá fazer com que sua voz seja ouvida e ajudar a América a tomar consciência do que está na base mais profunda de seu desacordo com o mundo."

que se resolvem pelo entendimento. Também não gosta da história: esta é um pesadelo, um terreno minado do qual ela escapou com grande dificuldade uma primeira vez em 1945, uma segunda em 1989 depois da queda do Muro. Protege-se contra este veneno a golpes de normas, de regras, de procedimentos. E como a história prossegue sem nós, o Velho Mundo deixa que os outros assumam suas responsabilidades, pronto para criticá-los violentamente por seu arcaísmo. Acabaram-se os pactos de antigamente, cada vez que explode um litígio, nós nos multiplicamos em tergiversações, temperamos nossa indignação com o cinismo, dispensamos, cada um para o seu lado, o agressor e o agredido. Manifestamos a clarividência do poltrão que jura a si mesmo que não vai ceder à provocação. Quando a América mobiliza e age (freqüentemente com uma inconsciência trágica), a Europa cruza os braços. Colosso timorato, ameaçado de gigantismo, perdendo em eficácia o que ganha em extensão, ela corre o risco de se tornar o Pôncio Pilatos das nações.

O IMPÉRIO DO VAZIO

Sartre disse certo dia que era incapaz de se entender com os americanos porque eles não acreditavam no pecado original. Entretanto, também a América do Norte conhece, sobretudo a esquerda, essa relação de consciência pesada a respeito do genocídio dos índios, do tráfico de negros, da segregação persistente. Ela veio de muito longe, uma vez que o Civil Rights Act de Lyndon Johnson, que deu fim oficialmente à discriminação racial, não data senão de 2 de julho de 1964, ou seja, perto de um século depois da abolição da escravatura e do fim da Guerra de Secessão. Ela tomou medidas enérgicas, na escola, na empresa, nos transportes públicos, para atenuar as conseqüências dos terríveis dramas, a ponto de se tornar a nação exemplar na defesa dos direitos das minorias. Os Estados Unidos continuam perseguidos pelas páginas tenebrosas de sua breve história, mas mostram, sobretudo desde a Guerra do Vietnã, uma celeridade singular em fazer seu mea-culpa. A derrota humilhante diante das tropas vietcongues infligiu à república imperial um traumatismo de que ela não se recuperou. Ela pratica com efeito, desde essa época, e graças a uma imprensa investigativa pronta a denunciar abusos, torturas e massacres, a quase simultaneidade do delito com sua denúncia, olhando de maneira muito protestante sua parte maldita dentro dos olhos. Mas, mesmo que por vezes mergulhe na autodepreciação, a América mantém a capacidade de conciliar uma atitude crítica com a afirmação de si. Vencedora do nazismo ao lado dos aliados e dos russos, demolidora do comunismo, à frente do combate ao islamismo, ela pode, a despeito de suas zonas de sombra, orgulhar-se de sua história recente. Nela, e talvez porque cada nova geração apague a precedente, o passivo jamais elimina a promessa nem a dimensão do futuro, ao passo que a Europa espontaneamente se cobre de cinzas, chafurda em orgias de masoquismo. Os cidadãos americanos proclamam em relação à sua terra um orgulho que, com muita freqüência, falta do lado de cá do Atlântico.

Tocqueville já notara: os americanos têm "uma opinião elevada sobre si mesmos" e "não estão muito longe de acreditar que formam uma espécie à parte no gênero humano". Existe uma fusão do patriotismo e do sagrado na América, ao passo que a Europa continua sendo uma construção desesperadamente profana. Quando a América se vê tomada pela dúvida, esta raramente se estende aos ideais da Constituição, invocados, ao contrário, como preceitos invioláveis para condenar os maus governantes. O sonho americano renasce assim dos piores desvios de conduta e sobrevive a todos os seus avisos de falecimento. A Europa, ao contrário, não tem pior inimigo do que ela mesma, sua culpa lancinante, o escrúpulo levado até a paralisia. Como queremos ser respeitados se nós não nos respeitamos, se não paramos, por mídias e literaturas interpostas, de nos descrever com os traços mais negativos? A verdade é que os europeus ocidentais não se gostam o suficiente para superar seu desgosto e manifestar em relação à própria cultura esse fervor que é tão poderoso nos Estados Unidos. *A América é um projeto, a Europa é um desgosto.*

Vejam nossa moeda comum. O que exibem as notas de 10, 20, 50, 100 euros? Arcos, pontes, portas como se nosso continente fosse apenas um lugar de trânsito, uma sala de espera, uma mão estendida para o resto do planeta. Esquecidas as figuras de Shakespeare, Cervantes, Rembrandt, Vinci, Goethe, Dante, Pascal, Voltaire. É que todos esses homens, estes DWEM (Dead White European Males, estes homens brancos mortos, segundo a terminologia em uso em certos *campi*) são suspeitos, ainda manchados pelos preconceitos que nossa modernidade triunfante varreu. A Europa ou o triunfo da "vacuidade substancial" (Ulrich Beck), a apoteose da desencarnação. Seu passado é maldito: ela deve abjurá-lo a qualquer preço, ser apenas um impulso em direção ao outro, uma idéia pura capaz de transcender as fronteiras. Nesse domínio, ademais, a extrema modéstia caminha junto com a glutonaria, uma vez que alguns já sonham, por desmesura territorial, amanhã englobar na União o Azerbaijão ou o Brasil. A velha fantasia imperial não está morta. Mas é um gigantismo formal construído em cima de uma abstração e que recusa qualquer consistência histórica ou geográfica, qualquer memória afetiva.

A PACIFICAÇÃO DO PASSADO

Em 2005, o filho de um piloto da Royal Air Force que bombardeou a cidade de Dresden, em fevereiro de 1945, (35.000 mortos) participou junto com outros da entrega de donativos para reconstruir os sinos e a cruz da principal catedral da cidade, a Frauenkirche, então inteiramente arrasada. Reconstituição idêntica: não aconteceu nada, a guerra foi apenas um sonho ruim, os filhos corrigem os erros dos pais. O passado apresenta a dupla característica de estar ao mesmo tempo acabado e inacabado. Ele se mexe sem parar, constitui talvez a única dimensão do tempo sobre a qual não temos nenhum poder: "ninguém sabe como ontem será feito", dizíamos sob forma de chiste na época stalinista quando as autoridades reescreviam a cada ano a história segundo sua conveniência. Mas eis que queremos imobilizá-lo, submetê-lo a uma espécie de *depuração ética*. Como um assassino ocupado em apagar os vestígios de seu crime, a Europa se empenha em uma grande lavagem retrospectiva. Ela lustra, dá polimento, cauteriza, modela, embalsama: como o Auschwitz envernizado de Roberto Benigni em *A vida é bela*, a Paris asséptica de Amélie Poulain. Talvez venhamos a ver em breve comitês de cidadãos virtuosos requerendo a desbatização de nossas ruas, para apagar os nomes de reis, príncipes, ministros e militares demoníacos que têm sangue nas mãos, e todos eles têm! A superposição opressiva das memórias e dos agravos, em um mesmo espaço, engendra a fantasia de uma grande limpeza: a exemplo de "dar com a porta na cara deste doente século XX", como disse o primeiro-ministro húngaro, Orban, em 2002. E assim nós nos contaremos uma história *a posteriori* com a qual não tenhamos que corar.

Aspecto positivo dessa mentalidade: a conservação do patrimônio alcança na Europa um grau de excelência que merece elogios. Protegemos nossos vilarejos, nossos lugares com um amor maníaco pelos detalhes, uma preocupação em inseri-los na paisagem, esta também enfeitada e arrumada, fazendo toda a beleza do Velho Mundo. Mesmo uma cidade como Paris, de tal maneira sublime, romanesca, ainda inteiramente impregnada de substância literária e que representou outrora uma extrema concentração de forças, é esquadrinhada pela museificação e se parece mais com uma cópia do século XIX do que com um centro mundial. Gramática da nostalgia: suspeitamos que, em nossa caminhada na direção do progresso, algo de essencial tenha se perdido e é importante conservarmos uns poucos vestígios. A nossas praças, a nossos edifícios particulares, tentamos conferir a pátina do imemorial. Como os velhos que acumulam jornais, cartas, bugigangas, nós arquivamos, empilhamos, não paramos de aumentar a lista dos monumentos a preservar, torres, catedrais, castelos-fortes ou HLM*.

* HLM: Sigla de Habitation à Loyer Modéré: prédio construído pela coletividade, destinado a famílias de menor poder aquisitivo. (N.T.)

Entretanto, essa nostalgia procura menos despertar a chama vacilante da lembrança do que apagá-la para sempre. Isso nos transforma em turistas de nossa própria história e nós saboreamos dentro dos palácios, nas cidades antigas, uma qualidade particular do tempo: o apaziguamento. Os conventos, as fortalezas, testemunhas de furores longínquos, de paixões desenfreadas, nos confirmam que a barbárie pertence ao passado, que a história não vai mais voltar. A restauração equivale a um segundo sepultamento, guardadas as devidas proporções, análogo às toneladas de cimento derramadas em cima de um reator nuclear para abafá-lo. Longe de manter com o passado um vínculo vivo, complexo, de proceder a um salto dentro "do abismo liberador da tradição" (Heidegger), vamos buscar nele armas para nos proteger contra seu retorno eventual. Nós o amamos quando podemos afagá-lo, quando seus conflitos foram extintos, as chagas cicatrizadas. É um tempo morto cuja principal qualidade é ter cessado de nos importunar. Ficamos com o coração apertado diante de uma igreja abandonada, ao passo que há duzentos anos talvez a tivéssemos incendiado ou pilhado por ódio ao clero. Esses combates terminaram, os bens eclesiásticos caíram no domínio cultural. O passado é um grande nivelador, nele nós anistiamos vencedores e vencidos, carrascos e vítimas, estamos além dessas querelas. Saboreamos nos vestígios a melancolia das ruínas, uma promessa de calma e imobilidade. Todos os lugares se equivalem, pitorescos ou encantadores, podemos à vontade preferir este período ou um outro, não tem nenhuma importância. Todo europeu fervoroso é tomado um dia ou outro, em Roma, Veneza, Praga, Viena, Atenas, Cracóvia, Granada, pela síndrome de Stendhal: uma sensação de sufocamento diante de um excesso de obras-primas. A hipertrofia do mundo de ontem, os grandes mausoléus greco-romanos, árabe-andaluzes ou austro-húngaros, todas as velhas pedras, em seu esplendor, nos atordoam, sufocam o futuro, nos petrificam também. Ali estão as vidas já vividas, os destinos selados, gravados no mármore. Os esplendores barrocos, clássicos, romanos não nos dizem: Ousem! Eles nos ordenam: Respeitem, repitam. Europa sarcófago: ela se envolve, como os objetos de Cristo, na grande toalha da preservação. Mas é para melhor conjurar seus demônios: comemorar é exorcizar. Pronunciar um juramento tácito: nunca mais a história e suas destruições em massa, nunca mais outra coisa que não seja a vida privada, as peripécias do *consumerism*, a obsessão da felicidade. Estranha inversão: o passado, por natureza frágil, voltado para a noite escura do engolfamento, passa à frente do presente e do futuro, transforma os vivos em visitantes de cemitérios. É a grande diferença entre a Europa e a América: uma repisa, a outra recomeça. Esta, como uma serpente que muda a pele, torna a partir sobre novas bases a cada dez anos. Vive uma inauguração permanente de si mesma, dedica-se inteiramente ao culto dos possíveis, à religião do futuro. A Europa, ao contrário, inocula sua consciência infeliz nos filhos e não pensa em sua sobrevivência a não ser como uma subtração aos tormentos da humanidade.

O CULPADO IMAGINÁRIO

Mas o verdadeiro crime da velha Europa não é apenas o que ela fez no passado, é o que ela não faz hoje em dia, sua inação durante os anos 90 nos Balcãs, seu "*attentisme*"* escandaloso em Ruanda, seu silêncio na Chechênia, sua insensibilidade em relação ao Darfur, ao oeste do Sudão e, em geral, sua complacência, sua postura de joelhos, sua "subserviência", para retomar uma expressão de Aimé Césaire diante das potências do dia.[2] É impressionante a maneira como ela se esquiva das tensões em curso, inclusive sobre seu próprio solo, delegando ao irmão grande ianque o cuidado de fazer o serviço pesado, pronta em seguida a criticá-lo sem contemplação. O que quer que ela faça, aliás, quer ela intervenha ou se abstenha, a América está errada, assim exige a distribuição de papéis. No Oriente Próximo ou em outro lugar, a Europa, como a bela alma de Hegel que não quer conspurcar o esplendor de sua interioridade, recusa-se a sujar as próprias mãos, salvo ao estendê-las em uma efusão apaixonada a todos os homens de boa vontade. Quando estes homens recusam nossa amizade, nós deixamos a outros o cuidado de fazer o necessário. Viu-se na Bósnia em 1995, no Kosovo em 1999, de maneira caricatural no verão de 2002 quando Bruxelas, para resolver o microscópico contencioso

---

* *Attentisme*: atitude política de espera, que consiste em adiar uma decisão até que a situação se esclareça. (N.T.)

[2] Observemos esta frase de Jacques Chirac: "Os dirigentes árabes têm por vezes métodos que não são os nossos. Mas eu me recuso a julgar regimes políticos comparando-os com nossas tradições, em nome de sabe-se lá qual etnocentrismo. Ademais, devo reconhecer que o multipartidarismo não me parece necessariamente desejável nos países em vias de desenvolvimento." Em F.-O. Giesbert, *Jacques Chirac*, Seuil, 1987, p. 486.

hispano-marroquino do rochedo de Persil ao largo de Tânger, requereu a mediação de Washington e de Colin Powell. Constatou-se com assombro durante o inverno de 2006, no caso das caricaturas de Maomé, quando a União, apupada pelas multidões de Damasco, Gaza, Jacarta, Teerã e Beirute, vergonhosamente rompeu os laços de solidariedade com a Dinamarca e a Noruega, condenou os desenhos blasfematórios e despachou Javier Solanas para o Oriente Médio como caixeiro-viajante da expiação. Se amanhã Vladimir Putin pousasse sua patorra em cima dos países bálticos, invadisse a Geórgia ou instalasse na Moldávia um regime sob sua bota, a Europa ocidental, em uníssono, exclamaria: Sirva-se! Só os Estados Unidos, eventualmente, reagiriam. Pode-se deplorá-lo; mas em toda parte onde um povo é oprimido e geme nos grilhões, em toda parte onde suporta o fardo da tirania, é ainda na direção da América que ele se volta e não na direção da Europa. Mesmo os palestinos, a despeito de sua hostilidade com a política de Washington, sabem que têm mais chances de ter um Estado um dia com Washington do que com Paris, Berlim ou Madri.

É que o Velho Mundo, globalmente, prefere a culpa à responsabilidade: a primeira é menos pesada de carregar, convivemos bem com a consciência pesada. Nosso desespero preguiçoso não nos incita a combater a injustiça mas a coexistir com ela. A despeito do supereu intransigente com o qual nos cobrimos permanentemente, deleitamo-nos com nossa impotência tranqüila, instalamo-nos duradouramente em um plácido inferno. Esse desânimo de palavras é uma comédia que nos permite não prestar contas a ninguém. O remorso é uma mistura de boa vontade e má-fé: desejo sincero de fechar velhas feridas, vontade secreta de ficar fora do jogo. Chega um momento em que a culpa moral, metafísica, permite que escapemos de qualquer responsabilidade política real. A dívida em relação aos mortos é mais forte do que o dever em relação aos vivos. *O arrependimento cria pessoas que se desculpam pelos delitos antigos para se desfazer dos crimes presentes.* Retraimento temeroso sobre as fortalezas setentrionais, renúncia a difundir a idéia democrática, a conter a barbárie. A culpa fecha a Europa a tudo que não é ela, faz dela a atriz de um drama íntimo do qual não consegue sair. "Deixem-nos em paz", diziam uns galhardetes nas manifestações contra a Guerra do Iraque em 2003. Que confissão: cortem todos os nossos laços com o mundo caso eles sejam fonte de tensão! Era o medo do contágio que animava aqueles pacifistas e não a preocupação com o povo iraquiano.

Nada mais insidioso do que a idéia de um erro coletivo que repercutiria de geração em geração e mergulharia um povo ou uma comunidade no desdouro permanente. A contrição não faz uma política. Assim como não há transmissão hereditária do *status* de vítima, não há transmissão do *status* de carrasco: a menos que se crie um delito de filiação, o "dever de memória" não implica a pureza ou a corrupção automática dos netos ou dos bisnetos. A história não se divide entre nações pecadoras e continentes arcanjos, raças malditas e povos intocáveis, mas entre democracias que reconhecem suas baixezas e ditaduras que as dissimulam revestindo-se dos ouropéis do martírio. É preciso lembrar esta evidência: que os africanos, como os asiáticos ou os franceses, são os únicos responsáveis por seu desenvolvimento e não podem culpar senão eles mesmos por seus atrasos, seja qual for de resto a dureza do sistema internacional (e mesmo que em certos casos a pilhagem das riquezas por empresas estrangeiras seja feita com a cumplicidade das autoridades locais, mesmo que se deva militar pela abolição da dívida). Os ex-colonizados, através de seu combate, se tornaram atores do próprio destino; portanto seus atos lhes são imputáveis e não podem ser descarregados eternamente sobre as antigas metrópoles, eles não podem se exonerar dos erros com "um colonialismo sem colonos" (Marc Ferro), noção que evoca irresistivelmente a famosa faca sem lâmina à qual falta o cabo (Lichtenberg). Não há Estados inocentes: eis o que aprendemos ao longo de meio século decorrido, não há Estado que não seja fundado sobre o crime e a coerção, inclusive os que acabaram de surgir sobre o palco da história. Mas existem Estados capazes de reconhecer e olhar sua barbárie dentro dos olhos e outros que procuram na opressão de antigamente as desculpas para suas malignidades de hoje.

RECUPERAR A AUTO-ESTIMA

Uma parte do mundo, a nossa, está, pois, ocupada de maneira obsessiva em compor a lista de seus malfeitos e forjar para si uma altiva estátua de algoz. Desde a infância, somos adestrados na pedagogia da auto-reprimenda. A paixão crítica que tinha como função libertar o indivíduo dos preconceitos tornou-se o preconceito mais bem compartilhado. Mas, para além de um certo patamar de vigilância, a razão se transforma em ceticismo destruidor. Quando a dívida se torna nossa única fé, ela põe no ato de denegrir toda a energia que a fé colocava antigamente em venerar. Repugna-nos então defender nossas sociedades: melhor nos anularmos do que manifestarmos a respeito delas um pouco que seja de apego. Duplo erro: ao erigir o desamor de si em princípio diretor, mentimos a nós mesmos e nos fechamos aos outros. É um contra-senso pensar que a autodesvalorização vai nos abrir como por milagre aos povos longínquos, nos levar para os caminhos da bondade e do diálogo. No ódio de si ocidental, o outro não tem lugar. É uma relação narcísica na qual o africano, o indiano, o árabe são convocados a título de figurantes em um interminável ajuste de contas: é a razão pela qual assistimos à conjunção do remorso e do racismo, da aflição e do egoísmo mais empedernido. O automatismo da flagelação esconde mal nossa insensibilidade ou nosso desprezo pelas culturas distantes (que amamos somente se continuarem tradicionais, autênticas, ou seja, arcaicas). O escárnio mordaz se estende rapidamente pelo resto da humanidade, torna impossível o amor por outro homem. Como poderíamos admirar as metafísicas grandiosas do sufismo, do hinduísmo, do budismo, como poderíamos compreender as tradições estrangeiras se começamos por pisotear as nossas em uma espécie de ignorância militante que se parece com a do vandalismo? Desconfiemos de quem não atribui preço ao estrangeiro senão por desdém em relação a si mesmo: a aversão que ele tem por si termina espirrando sobre suas simpatias. Tornemo-nos outra vez amigos de nós mesmos para sê-lo de novo do outro. Faz-se um medíocre uso do mundo quando se está cansado da própria existência.

A Europa contempla, pois, amargurada, o monte de lixo que se tornou para si mesma, "esse vale de ossadas" (Hegel) que é a sua história. Mas ela faz desta última uma leitura parcial e deliberadamente taciturna uma vez que não retém senão um único aspecto: o pior. Esta memória que a atormenta é na verdade muito seletiva e se parece com a amnésia. Ela esquece simplesmente que, na sua cronologia, não existem apenas "rios de sangue e de lama", existe também a progressão do direito e da democracia. Nós temos desde a época romântica uma visão melancólica das civilizações: sonhamos com a queda do Império romano, bizantino, otomano, austro-húngaro, e para nós qualquer formação histórica está fadada a retornar um dia à poeira e às ruínas. Esquecemos o fenômeno inverso: a ressurreição dos povos e das nações. Quiseram constituir a Alemanha, e portanto Auschwitz, como metáfora da Europa contemporânea, marcada pelo signo de Caim, curvada sob o peso de uma insuperável ignomínia. Mas nada me diz que a Alemanha esteja fadada à vergonha eterna, pois retomou seu lugar no concerto das nações, recuperou um patriotismo generoso depois de um exemplar trabalho de reflexão sobre a própria conduta (a comunidade judaica na Alemanha é hoje a terceira da Europa, depois da França e da Grã-Bretanha). Em 1945, um observador imparcial tê-la-ia descrito em termos de um país maldito, irrecuperável, fadado à degradação. É o que pensava o romancista Thomas Mann, exilado nos Estados Unidos durante a Segunda Guerra Mundial, quando escrevia no seu romance *Doutor Fausto*, começado em 1943: "(...) eis nossa ignomínia exibida abertamente aos olhos do mundo e das comissões estrangeiras, para os quais são apresentadas imagens inacreditáveis (as dos campos de concentração e dos crematórios diante das quais um general americano faz desfilar a população de Weimar) e eles relatarão em suas casas que o que viram ultrapassa em horror tudo o que a imaginação humana pode conceber. Eu digo: nossa ignomínia, pois seria pura hipocondria pensar que tudo que é alemão, inclusive o espírito alemão, o pensamento alemão, a palavra alemã foram afetados por esse desnudamento desonroso e se tornaram objeto de uma profunda suspeita? (...) Como será pertencer a um povo cuja história carrega em si essa pavorosa bancarrota (...) a um povo obrigado de agora em diante a viver fechado em si mesmo como os judeus do gueto porque o ódio terrível que se acumulou em torno dele vai proibi-lo de sair de suas fronteiras, como será pertencer a um povo que perdeu sua dignidade?"[3] Franklin Roosevelt, ele mesmo persuadido de que o Terceiro Reich conspirava "sem freio contra as regras de decência da civilização moderna"[4], havia preparado com o plano Morgenthau o desmembramento total da Alemanha para que ela, uma vez obtida a capitulação, se visse enfraquecida para sempre, despedaçada. Tudo muda com a chegada de Harry Truman em abril de 1945 e o início da Guerra Fria: transformada em muralha contra o comunismo, a Alemanha deixou de ser demonizada e pôde recuperar pouco a pouco seus direitos. Qual foi o lado que afinal saiu ganhando? Será que a data de 8 de maio de 1945, ou seja, a derrota militar, não foi para a República Federal um presente, uma libertação e o início de uma nova partida, a ocasião de operar em si mesma um verdadeiro trabalho de introspecção, a prova de que um povo nunca fica imobilizado nas suas

---

[3] *Docteur Faustus*, Paris, Albin Michel, 1950, citado por Aleida Assmann, "De la culpabilité collective", *Le Débat*, nº 124, março-abril de 2003, p. 175. (Ed. bras. da obra de Thomas Mann: *Doutor Fausto*. Rio de Janeiro: Nova Fronteira, 2000.)

[4] Citado por Aleida Assmann, idem, p. 176.

abominações e que pode exorcizá-las, voltar novamente para a família dos humanos?

Lembremos este fato muito simples: a Europa de fato venceu seus monstros, a escravidão foi abolida, o colonialismo abandonado, o fascismo desfeito, o comunismo posto de joelhos. Que continente pode exibir um tal balanço? Definitivamente, o preferível venceu o abominável. A Europa é a Shoah mais a destruição do nazismo, é o *gulag* mais a queda do Muro, o Império mais a descolonização, a escravidão e sua abolição, a cada vez a violência é não somente ultrapassada como deslegitimada. É um duplo avanço da civilização e do direito. Não se trata de cair no "orgulhismo" japonês (Yoshinori Kobayashi[5]) defendido por uma extrema direita que visa, a golpes de aproximações, dar uma visão exaltadora da história: esta corrente afirma a grandeza de um país a despeito de seus crimes; devemos sentir orgulho de nós mesmos *contra* nossos crimes, porque os reconhecemos e os recusamos. Freud caracterizou antigamente a melancolia como uma perturbação do sentimento de auto-estima: à suspensão do interesse pelo mundo, à perda da capacidade de amar se acrescenta a multiplicação das auto-acusações que podem chegar "até a espera delirante do castigo". Esse delírio de arrependimento, no que nos diz respeito, esquece que, no final das contas, a liberdade acabou triunfando sobre a opressão, razão pela qual se vive melhor na Europa do que em muitos outros continentes. Uma nação não pode se identificar eternamente com seus algozes, com seus traidores e seus delinqüentes, ou sacralizar seus vencidos, seus fuzilados, seus

[5] Citado por Régine Robin, *La Mémoire saturée*, Stock, 2003, pp. 170-171.

martirizados. Ela deve primeiro celebrar seus heróis, homens ou mulheres, que, nos momentos mais críticos, ousaram resistir, permitiram a um povo se levantar de novo, caminhar de cabeça erguida. É de seus exemplos que nós deveríamos nos mostrar dignos. Pensemos na injunção de Heródoto: a história começa na Grécia para que os grandes feitos dos homens não afundem no esquecimento. Esses seres de exceção foram também ambíguos, embarcaram em combates duvidosos. É grande a tentação de criticá-los retrospectivamente para melhor os dessacralizar: o individualismo democrático, com efeito, na sua paixão pela igualdade, sente repugnância pela grandeza, vendo nela um resíduo fatal de aristocracia. Insiste em rebaixar ao nível médio os seres fora do comum. Gosta de repetir o famoso dito de Hegel: "Não há herói para seu criado de quarto." Mas se esquece do resto da citação: "se é assim, não é por aquele não ser um herói, mas por este ser apenas um criado"[6]. Esta raiva niveladora se estende até o passado onde vamos, como criados psicológicos, perseguir furiosamente as grandes figuras para melhor "jivarizá-las"*. Somente as vítimas têm direito à nossa compaixão, nosso panteão é composto apenas de aflitos ou esmagados, ficamos entre as lágrimas e a piedade.

---

[6] Hegel, *La Phénoménologie de l'esprit*, tradução francesa de Jean Hyppolite, Aubier, tomo II, p. 185.

* Jivaros: tribo indígena do leste do Equador e norte do Peru conhecida pelo costume de conservar e encolher as cabeças de seus inimigos. (N.T.)

O DUPLO ENSINAMENTO

A história nos fornece um duplo ensinamento: que um povo pode desaparecer, mas também que um povo pode renascer, que as comunidades humanas saem por vezes engrandecidas das piores aberrações, oferecendo-nos desse modo admiráveis exemplos de ressurreição. Assim, duas filosofias estão diante de nós: uma é fonte de pavor e desespero, outra de coragem e resistência. Esta nos esmaga sob o irremediável, aquela nos liberta, nos conclama a desfatalizar o mundo. A confiança decorre da aposta e da profecia, é a vontade de se engajar no futuro, a aptidão para dar um salto para além da dúvida e do medo, para reunir forças até então insuspeitadas. Em termos spinozistas, é aumento de potência, certeza de que o mundo é um lugar seguro onde posso me desenvolver. Recuperar a confiança é recuperar capacidades de agir, que se multiplicam por si mesmas quando a pusilanimidade engendra o medo, o encolhimento das ambições. A única obrigação que temos em relação aos povos que perseguimos, além do reconhecimento dessas perseguições, é de favorecer a extensão dos regimes democráticos ou ao menos acelerar a erosão do despotismo. De não nos calarmos, por embaraço, quando esses mesmos povos caem por sua vez na arbitrariedade ou na opressão, de prevenir em toda parte o retorno das humilhações, das carnificinas. Lembremo-nos das palavras de Raymond Aron, de que a obra inteira do grande economista indiano Amartya Sen parece ser a ilustração: o principal obstáculo ao desenvolvimento não é o sistema econômico, por mais duro que ele seja, é a falta de liberdades, de sentido de Estado, de preocupação com o bem público.

A Europa deve acabar com o fanatismo da modéstia: se ela não pode engolir o mundo com uma grande colher, que faça sua parte, que continue sendo a voz singular a falar de justiça e de direito, que adote os meios militares e políticos para se fazer ouvir. A responsabilidade se reforça à medida que ela se assume, assim como a democracia se nutre da crença na democracia quando adota e encarna seus valores com determinação. Confinada apenas na moderação, corre o risco de se extenuar. A penitência é definitivamente uma escolha política: a da abdicação, que de forma alguma nos imuniza contra o erro. O medo de recomeçar os erros de ontem nos torna excessivamente indulgentes a respeito das infâmias contemporâneas. Ao crime de ingerência sucede o crime de indiferença.

Em uma passagem célebre do *De rerum natura* (começo do Livro II), Lucrécio imagina o sábio como um homem sentado sobre uma falésia observando os imprudentes que entraram no mar e desaparecem sob as vagas. "Ver de que males nós próprios escapamos é uma coisa agradável." Mas e se a falésia cair no mar? De tanto preferir a injustiça à desordem, o Velho Mundo corre o risco de ser por sua vez arrastado pelo caos, vítima de uma precaução que é o outro nome da renúncia.

O QUE É O ESTADO-COMPUNÇÃO?

Quando o Estado se transforma em grão-mestre dos ritos expiatórios — os reis gozavam antigamente do privilégio de perdoar, os presidentes modernos têm o de apresentar as desculpas —, quando o monstro frio se torna compassivo, usurpando às autoridades morais seu papel espiritual, às autoridades universitárias suas competências científicas, ele tem a intenção de fazer um trabalho de reconciliação, de exumar um passado obscuro para lhe barrar o caminho. Com freqüência ele o executa bem, ou mesmo bem demais, a ponto de falsear seu sentido. A compunção generalizada é contemporânea da última idade do Estado, a de seu declínio: ele parece disposto a se meter em tudo, escreve a história no lugar dos historiadores, pretende ser o fiador de verdades intangíveis. Justiceiro retrospectivo, ocupa-se em saldar as contas de tempos antigos para inscrevê-las nos cadernos dos encargos da consciência nacional. Esse arrependimento prolixo vem no lugar de uma ação real e desemboca em uma confusão de ordens, em um pânico legislativo. A azáfama memorial não é uma síndrome totalitária, mas uma efervescência desordenada, uma recusa a dirigir.

Passou-se, depois de maio de 68, do Estado republicano que promovia reformas a partir do alto para o Estado liberal, que deve responder às aspirações da sociedade civil (Luc Ferry). É ela doravante, na sua impaciência transformadora, que impõe a mudança. Eis o Estado reduzido ao papel de árbitro entre diversos interesses. Isso deveria nos alegrar, uma vez que o ideal democrático é fundado no sonho de um povo forte e um governo fraco. Mas aí nos damos conta do quanto o povo também é fraco e dividido. O Estado se torna a consciência de si da sociedade em todas as suas contradições. Nele, ela não percebe a imagem serena de sua unidade, mas o espelho de suas atribulações.

Quanto mais ele se fustiga, mais excita a cobiça de grupos de pressão bastante dispostos a valorizar os próprios agravos, tentando se apropriar de feudos, baronias, se necessário apoiando-se no Parlamento. O baú de queixas está escancarado. Tocqueville já notara: o governo tomou o lugar da Providência. Deve tomar o lugar da consciência? Fazer-se o porta-voz das opiniões? Uma loucura de mortificações se apodera então das altas esferas: elas prescrevem um único calendário, o do luto, todo mês, toda semana; elas devem se mortificar com a lembrança de nossos delitos. Não se exigiu recentemente a instituição do dia da lembrança do massacre dos vendeanos em 1793*? Por que parar no meio do caminho? Não há categoria social, profissional, regional que não tenha um prejuízo a alegar, uma matança longínqua para ser inscrita imediatamente no registro das comemorações. Acredita-se que, procedendo-se a esse ritual terapêutico, previnem-se rancores e vinganças; mas é o inverso, desperta-se o furor dos que não foram citados, suscita-se uma epidemia de reclamações: e eu, e eu? Mas o Estado não é uma Igreja, ele deve responder pelo presente e pelo futuro, e não passar o tempo fazendo mea-culpa. Quando o presidente De Klerk, em julho de 1994, na ocasião da transferência de poderes a Nelson Mandela, apresentou suas desculpas solenes pelo *apartheid*, ele acompanhava um processo em curso, dava fim com suas palavras a uma opressão concreta. Agiu como político e não como penitente, não dissociou as desculpas da ação. Há um perigo em desperdiçar os pedidos de perdão, sobretudo quando remontam sem fim ao passar dos séculos. As desculpas devem permanecer excepcionais e se cercar de uma certa majestade, caso contrário correm o risco de se verem reduzidas "à oblíqua genuflexão do devoto apressado" (Flaubert).

* Insurreição realista que abalou os departamentos do Oeste da França, durante a Revolução Francesa, de 1793 a 1796. (N.T.)

V

O segundo Gólgota

"Uma história destinada apenas aos judeus
(ou aos negros americanos, aos gregos,
às mulheres, ao proletariado, aos homossexuais
etc.) não pode ser uma boa história
ainda que consiga reconfortar
os que a praticam."
Eric Hobsbawm

"A história, ou melhor, a história
que nós revolvemos, é um vaso sanitário entupido.
Nós puxamos a descarga agora e sempre,
mas a merda continua a subir."
Günter Grass,
En Crabe, Seuil, 2002, p. 132

Temos que convir: mais de 60 anos depois da capitulação do Terceiro Reich, a pedagogia da Shoah fracassou. Tantos livros, filmes, debates para chegar ao ponto de, no início do século XXI, o genocídio dos judeus e dos ciganos não poder mais ser ensinado em muitas escolas francesas! O que aconteceu? Efeito de saturação, sentimento de que os judeus monopolizaram sobre suas únicas pessoas todos os sofrimentos do mundo? Talvez, a multiplicidade das comemorações contribuiu para colocar o povo hebreu em uma eleição problemática, fonte de ciúme. Belo exemplo de testemunho de simpatia que se volta contra os beneficiários, transforma-os em rivais miméticos que é preciso expulsar para tomar o seu lugar. Como se sabe, a onipresença do discurso sobre a Shoah, a partir dos anos 80, explica-se pelo longo silêncio que acolheu, na França, o retorno dos judeus sobreviventes em 1945, quando a nação traumatizada só queria saber dos resistentes ou dos deportados por razões de combate contra o inimigo. O crime racial foi minimizado, só os *maquisards** tinham direito ao tapete vermelho. A equação se inverteu.

* *Maquisards*: integrantes da resistência francesa. (N.T.)

Auschwitz, sufocado sob seu próprio sucesso, tornou-se a verdadeira "religião civil" do Ocidente, nosso palco primitivo; como expressou o escritor húngaro Imre Kertész, o *kitsch* se apoderou dela e a matou. O acontecimento foi destacado de seu contexto, elevou-se acima do século como uma espécie de astro siderante. Os sobreviventes se tornaram os ícones de uma experiência quase metafísica que suscitou toda espécie de glosas estranhas. É uma sacralização perigosa, pois existe o risco de os judeus serem de novo sacrificados sobre o altar do culto do qual eles são os ídolos transitórios. Como prova a identificação, pelos extremistas do Islã, da Shoah com uma crença, a "confusão do fato e da fé" (André Glucksmann), de um acontecimento histórico com uma liturgia precisa. Se algumas pessoas ousam criticar Moisés, Jesus, Vishnu, Maomé, Buda, então por que não rir de Dachau, Bergen-Belsen, Treblinka? Sinistro amálgama: não ocorre a ninguém zombar da noite de São Bartolomeu*, das dragonadas de Luís XIV contra os protestantes, dos palestinos mortos durante a Intifada ou dos genocídios armênios, ruandeses.

CONTRA-SENSOS SOBRE AUSCHWITZ

Não é exagero dizer que Auschwitz enlouquece, por conta do direito e do delírio, simultaneamente. Ele se tornou o padrão-ouro do sofrimento humano, o "novo Gólgota" (João Paulo II), como se Cristo tivesse morrido lá uma segunda vez. Posteridade retrospectiva: a história foi relida a partir

* Noite de 23-24 de agosto de 1572 em que houve o massacre de protestantes (3.000 mortos) perpetrado em Paris e na província; o acontecimento se tornou símbolo da intolerância religiosa. (N.T.)

dele, o passado foi por ele posto em recapitulação permanente, ele criou novas qualificações penais. O sofrimento judeu se tornou a medida do sofrimento universal e suas particularidades — *pogrom*, diáspora, genocídio — são reivindicadas por todos os homens. O que dá lugar também a um contrasenso calamitoso: ele fascina não como uma abominação, mas como um tesouro do qual se crê ser possível obter vantagens. A opinião pública não foi tão sensibilizada em relação a uma abjeção de enormes proporções, na verdade uma metafísica perversa da vítima[1] é que foi alimentada. Auschwitz se tornou um monstruoso objeto de cobiça. Donde o frenesi de se querer ter acesso a esse clube fechadíssimo e o desejo de desalojar os que já se encontram lá. Por isso também a convergência de todas as dores para aquela que passa a ser o horror desejável por excelência, do qual todos gostariam de se dizer herdeiros para conhecer um destino sem par: para alguns, ocupar o lugar mais prestigiado se torna uma obsessão, como testemunham os impostores ou os espíritos perturbados que se fazem passar por deportados dos campos nazistas.[2]

A loucura vitimária causa tamanhas devastações que o traje de concentracionário se tornou para alguns um traje de toureiro. Banalização do genocídio? É exatamente o inverso. O mundo todo está fascinado por esse mal absoluto, vive sob

[1] Remeto aqui à minha análise deste fenômeno em *La Tentation de l'innocence*, Grasset, 1995, segunda parte; sobre a concorrência vitimária, ler igualmente o ensaio incisivo de Shmuel Trigano, *Les Frontières d'Auschwitz: les ravages du devoir de mémoire*, Biblio essais, Livre de Poche, 2005.

[2] Como o suíço Binjamin Wilkomirski, gênio da falsificação que levou muito longe a fraude, ou o espanhol Enric Marco, contando durante anos sua história nas escolas ou nos estúdios de televisão antes de ser desmascarado por um historiador em 2005.

sua sombra assustadora: nesse sentido, o revisionista não é aquele que não crê na Shoah, ele não crê é nos judeus (ou em outros casos nos cambojanos, nos armênios, nos bósnios, nos tútsis), portanto gostaria de incluir outros grupos mais "merecedores": os palestinos, os hútus, os sérvios etc. É uma interversão de mortos, não do acontecimento. O que se deseja surrupiar da vítima para guarnecer a si próprio é a eminência moral, o esplendor trágico de que ela parece gozar. O sofrimento confere direitos, ele é até mesmo a única fonte do direito, eis o que vimos ouvindo há um século. No passado do cristianismo foi gerador de redenção, doravante é gerador de reparações, as quais implicam três elementos: o alargamento do círculo do intolerável (ofensas antigamente admitidas passaram a ser condenadas), o fim da impunidade para os criminosos; e, por fim, a sacralização da vítima. Nestes tempos de gozo ruidosamente exibido, a aflição continua sendo a principal dona do jogo. Quem quer que se aposse dela se apossa também do poder. A grande superioridade da desgraça sobre a felicidade é que ela nos proporciona um destino. Só ela nos distingue, nos entroniza na nova aristocracia dos reprovados. Cadastro mental inédito: é preciso levar ao palco a própria desgraça, e, se possível, eclipsar a dos vizinhos, para ser reconhecido como o mais merecedor dos seres.

Desse ponto de vista, pode-se considerar a Shoah de duas maneiras: como uma teologia negativa que faz dos judeus os agentes de uma eleição maldita, ou como um conceito que induz ao entendimento dos crimes de massa. Houve genocídios bem antes de 1942 e toda a história da humanidade é, em certo sentido, a história de um crime contra a humanidade. A partir de Nuremberg, os extermínios, dos ameríndios, dos aborígines australianos ou dos armênios foram vistos com outros olhos e as abominações hitleristas tornaram intolerável a opressão colonial. Tal processo não foi somente a manifestação da justiça dos vencedores; resultou de uma ação criadora, como notara Karl Jaspers já em 1946: ele instaurou as premissas de uma ordem penal nova. Nenhum outro acontecimento ampliou tanto a interpretação a ponto de ser reivindicado por forças hostis entre si. Uma coisa é dizer: a desgraça judaica traçou a via e nos permitiu pensar sobre a nossa própria desgraça; outra coisa é afirmar que ela oculta nossa miséria e deve ser excluída. Sabe-se que durante muito tempo, na França como nos Estados Unidos, dentro do Partido Democrata, negros e judeus partilharam uma mesma solidariedade de excluídos. O escritor e psiquiatra antilhano Franz Fanon gostava de mencionar as palavras de seu professor de filosofia: "Quando vocês ouvirem falar mal dos judeus, fiquem atentos, estão falando de vocês." Um anti-semita era necessariamente um negrófobo. Esta bela unidade, por causa do destino divergente de cada comunidade, esfacelou-se de um lado e de outro do Atlântico: o judeu não é mais "o irmão de desgraça" (Franz Fanon), mas aquele cuja tragédia esmaece a minha, me impede de ser seu irmão. Tudo se passa como se outros povos, contestando aos judeus o privilégio do aniquilamento, exclamassem: "Auschwitz somos nós!" "Os muçulmanos de hoje" — diz o pregador fundamentalista Tariq Ramadan, conselheiro do primeiro-ministro Tony Blair —, "são comparáveis aos judeus dos anos 30." Sigam meu olhar: criticar o islã é endossar o traje do carrasco hitlerista.[3] As memórias feridas entram em concorrência em

[3] Na Inglaterra, Sir Iqbal Sacranie, secretário-geral do Conselho Muçulmano da Grã-Bretanha, propõe substituir o Holocaust Memorial Day (dedicado à Shoah), pelo Genocide Day: "A mensagem do Holocausto 'nunca

nome da afronta máxima. Quem não luta hoje em dia para reivindicar este rótulo maiúsculo, o Genocídio, cuja radioatividade semântica está intacta? Que governo, que Estado não procura se apossar deste qualificativo a fim de se alçar até uma tribuna na qual têm assento apenas raros privilegiados?

HITLERIZAR A HISTÓRIA

Talvez vocês não saibam, mas Hitler foi precedido de muitos séculos na história da humanidade. O Terceiro Reich não é esse regime chegado ao poder pelas urnas em 1933 e desaparecido sob as estocadas do Exército Vermelho e dos Aliados nos escombros de Berlim em maio de 1945, ele é de certo modo a matriz da história européia ou, para dizer de uma outra maneira, seu verdadeiro rosto. É assim que, cada vez mais, historiadores demandam para os negros, os árabes, os índios a jurisprudência da anterioridade. "Existe uma relação dinâmica entre a destruição dos indígenas da América, o aniquilamento dos negros e a política de extermínio introduzida pelos nazistas na Europa na primeira metade do século XX", escreve Rosa Amelia Plumelle-Uribe.[4] Já em 1955, Aimé Césaire advertia o "muito refinado, muito humanista, muito cristão burguês do século XX, de que ele traz dentro de si um

mais isto' só tem utilidade se for mais inclusiva. Não se deve ter uma visão discriminatória da vida humana. Os muçulmanos se sentem ofendidos e excluídos pelo fato de suas vidas não terem o mesmo valor das que foram perdidas durante o Holocausto." Entre as vítimas do "genocídio árabe-muçulmano" ele inclui os palestinos e os iraquianos, mas não os curdos eliminados por Saddam Hussein.

[4] Op. cit., p. 23.

Hitler sem saber, que Hitler habita nele, que Hitler é seu demônio, que se ele o vitupera, é por falta de lógica e que, no fundo, o que não perdoa a Hitler não é o crime em si, o crime contra o homem, não é a humilhação do homem em si, mas o crime contra o homem branco, a humilhação do homem branco, pelo fato de ele, Hitler, ter aplicado na Europa procedimentos colonialistas relacionados até então apenas com os árabes da Argélia, aos *coolies* da Índia e aos negros da África"[5]. É também o que nos explica Claude Ribbe, membro da Comissão Nacional Consultiva dos Direitos Humanos, ao comparar Napoleão com o *Führer*, culpado não somente de ter restabelecido a escravidão mas também de ter preparado "o extermínio industrial de um povo" e instituído "uma legislação racial que anuncia as leis de Nuremberg":

> *Cento e quarenta anos antes da Shoah, um ditador, na esperança de se tornar o dono do mundo, não hesita em esmagar sob sua bota uma parte da humanidade. Não é de Hitler que se trata, mas de seu modelo, Bonaparte. Como as sevícias deste déspota misógino, homófobo, racista, fascista, antirepublicano, que detestava tanto os franceses do continente quanto os corsos, puderam, até agora, permanecer ignoradas do grande público? Por que uma certa França, no século XXI, se obstina em fazer do carniceiro dos "negros" um herói nacional?*[6]

---

[5] Aimé Césaire, *Discours sur le colonialisme*, Présence Africaine, pp. 13-14, 2004 para a reedição.

[6] Claude Ribbe, *Le Crime de Napoléon*, Editions Privé, 2005, citado em Richard Senghor, "Le surgissement d'une question noire en France", *Esprit*, janeiro de 2006, p. 15. O surpreendente dessa visão é a ilusão retrospectiva, o anacronismo semântico, a descrição de um homem do começo do século XIX com o vocabulário do mal contemporâneo: esquadrões da morte, campos de triagem etc. Como Bonaparte pode ser fascista se a palavra e o fenô-

É ainda um outro historiador, Olivier Le Cour Grandmaison, que nos explica em um livro de título sugestivo, *Coloniser, exterminer*[7] [*Colonizar, exterminar*], que os métodos utilizados para pacificar a Argélia, massacres de prisioneiros e de civis, razias, destruições de culturas e de vilarejos, serviram de laboratório para forjar novos conceitos, os de "raça sem valor", de "espaço vital", destinados mais tarde aos usos que sabemos. Ele exuma escritos de 1846 de um certo Eugène Bodichon, doutor em medicina, advogado apaixonado pela extinção de raças inferiores em nome do progresso — a começar pelos árabes —, para explicar que é exatamente lá, na doce umidade das colônias, que foi imaginado, bem antes da destruição dos judeus da Europa, um projeto coerente de genocídio, para retomar o neologismo forjado em 1944 pelo jurista polonês Raphaël Lemkin.[8] Mudança de paradigma: o colonizado submetido na Cochinchina, na África ocidental, na Argélia a regras exorbitantes pelo Código do Indigenato prefigura o estatuto dos judeus sob Pétain.[9] Em suma, a guerra total não é para ser buscada nas "tempestades de aço" (Ernst Jünger) que devastaram a Europa entre 1914 e 1918, nem no empreendimento de aniquilação prometido à União Soviética pelo *Führer* no dia 21 de junho de 1941, ela seria diretamente originária das montanhas de Kabylia no século XIX, perpetradas pela soldadesca francesa que mata, devasta, aniquila, decapita com uma regularidade que provoca frio na

---

meno não existiam? Sobre esse episódio, leia-se Yves Benot, *La Démence coloniale sous Napoléon*, La Découverte, 1992, bem como Thierry Lentz, "Bonaparte, les Antilles et l'esclavage colonial", *Commentaire*, número 113, primavera de 2006, p. 127s.

[7] Olivier Le Cour Grandmaison, *Coloniser, exterminer: sur la guerre et l'État colonial*, Fayard, 2005.

[8] Op. cit., p. 123.

[9] Idem, p. 339.

espinha.[10] O regime penal sob o qual viviam os "indígenas" na Argélia, submetidos a multas exorbitantes e ao regime da responsabilidade coletiva, era exatamente o do terror totalitário da Alemanha nazista: "Quer seja no Reich ou na Antiga Regência de Argel, grupos raciais, tidos como a encarnação de uma ameaça constante para a ordem pública no caso dos "árabes", como "inimigos naturais" do regime no caso dos judeus, foram condenados independentemente de suas opiniões e de seus comportamentos. Quanto à pena que recebiam, ela era motivada não pelo que haviam feito, mas unicamente pelo que eram reputados ser: culpados de nascença."[11] Olivier Le Cour Grandmaison, sob as aparências de um trabalho imparcial, fixa um único objetivo: por intermédio de uma profecia em marcha a ré, engatar o pequeno vagão da conquista da Argélia no grande trem da Shoah, transpor palavra por palavra seu vocabulário, ambiente, espírito. Provar que se trata nos dois casos de uma selvageria premeditada. Mostrar, por exemplo, que as *enfumades** ["enfumaçamentos"] aplicadas a tribos rebeldes por Bugeaud ou Saint-Arnaud não eram atos irrefletidos, mas massacres administrativos, primícias das técnicas de eliminação fria utilizadas mais tarde durante a Segunda Guerra Mundial.[12] Tudo que começava nas colônias, sob uma forma de brutalidade extrema, refluiria nas metrópoles para lá instalar regimes de ferro. E quando o autor descreve a repressão das revoltas de junho de 1848 em Paris, conduzida por militares provenientes da

[10] Idem, p. 338.

[11] Idem, p. 217.

* *Enfumade*: consistia em atear fogo e produzir grande quantidade de fumaça no interior das grutas onde se escondiam grupos de argelinos, fugindo, em busca de proteção, ao avanço dos invasores. (N.T.)

[12] Idem, p. 141.

Argélia com a mesma ferocidade que no vilarejo afastado, e traça uma analogia entre guerras coloniais e guerras sociais, está cedendo à tentação de transformar a luta de classes e o movimento operário em aventura genocida: as camadas inferiores da sociedade são então pensadas como raças ou semi-raças a serem igualmente eliminadas.[13] Que Marx fique bem atento: a exploração do homem pelo homem não era na verdade senão um extermínio do homem pelo homem. O nascimento do capitalismo, o desenraizamento de milhões de famintos dos campos, sua entrada em massa no inferno das fábricas e das manufaturas, as crianças no trabalho das minas a partir de cinco anos de idade, a alta taxa de mortalidade, a insalubridade, o alcoolismo, a miséria: imagina-se sem dificuldade o que um historiador apressado e ávido de sensacionalismo poderia escrever, tracejando o vasto afresco do movimento operário como uma prefiguração do nacional-socialismo, os patrões fazendo o papel dos *gauleiter**, os contramestres o dos *kapos***. Chegaremos lá, não duvidemos! Olivier Le Cour Grandmaison cede neste caso ao pecado da intenção retrospectiva: uma coisa é descobrir na aventura imperialista européia antecedentes dos regimes totalitários do século XX — como faz Hannah Arendt —, outra é estabelecer uma equivalência entre esses diversos fenômenos, ler o passado como a preparação minuciosa, lógica, inelutável dos desastres hitlerista e stalinista.[14] É esquecer que esses dois regimes não consistiam em uma simples recapitulação das antigas ditaduras, mas procediam de uma ruptura com tudo o

---

[13] Idem, p. 282.

* *Gauleiter*: líder político e oficial chefe de um distrito sob o controle nazista. (N.T.)

** *Kapos*: guardas dos campos de concentração nazistas. (N.T.)

[14] Um psiquiatra, invocando, também ele, o espírito de Hannah Arendt, já utilizou a metáfora nazista para descrever a fábrica e o escritório como

que a história conhecera até então. Constituíam, no sentido estrito do termo, uma invenção inteiramente original.

A Europa foi de início seu próprio carrasco, antes de sair de si mesma e submeter a América, a Ásia e a África aos seus furores, suas cobiças. Já nos esquecemos de que a guerra em nosso continente, mesmo que tenha sido pensada, codificada de maneira jurídica, raramente foi uma questão de cortesia ou um exercício cavalheiresco, que o normal dos combates era a devastação e a carnificina, a matança coletiva, cidades arrasadas, populações famintas passadas pelo fio da espada, inclusive mulheres e crianças, por toda parte a ruína, o terror, a desolação, o refinamento das torturas? Já nos esquecemos do carnaval macabro dos suplícios sob o Antigo Regime, a cenografia dos castigos corporais, a condição dos prisioneiros, dos galerianos? É, pois, razoável confundir a conquista da Argélia com uma espécie de "precedente inquietante"[15] de Auschwitz — assim como outros verão esse precedente nos *conquistadores* no México e no Peru, no "laboratório afro-americano" (Georges Bensoussan), na tomada celerada do Congo por Leopoldo II da Bélgica, na colonização da

---

semicampos de concentração, lugares do "mal" onde os executivos agem como *collabos* [durante a ocupação alemã na França, os franceses partidários de uma colaboração total com a Alemanha], os empregados como novos judeus! (Christophe Dejours, *Souffrances en France: la banalisation de l'injustice sociale*, Seuil, 1998.) Em 1968, os estudantes se qualificavam de "trabalhadores intelectuais". Ei-los se considerando precários, ou seja, párias: a passagem do *status* de trabalhador ao de vítima atesta simplesmente o fim da cultura operária e o triunfo do deportado no imaginário social. É uma reviravolta conceitual.

[15] Le Cour Grandmaison, op. cit., p. 171. Sobre este assunto ver o artigo esclarecedor de Pierre Vidal-Naquet e de Gilbert Meynier no número de *Esprit* de dezembro de 2005, "Comment faire l'histoire des crimes coloniaux?", que escrevem: "Confundir de algum modo o sistema colonial com uma antecipa-

Austrália pelos forçados britânicos, no massacre dos hererós na Namíbia em 1904 pelo general Von Trotha? Então qualquer carnificina da história — dos albigenses aos vendeanos, sem esquecer as devastações do Palatinato pelos exércitos de Luís XIV ou a Guerra de Trinta Anos na Boêmia —, prefigura à sua maneira as investidas da Wehrmacht e seu cortejo de horrores sobre a Europa e a URSS: é tudo a mesma coisa. Vê-se a vantagem que um poder com escassez de justificativas pode obter dessas alegações: como o presidente Bouteflika que, para acusar Paris de genocídio durante a guerra de independência, aproveitou a comemoração da repressão de Sétif de 8 de maio de 1945, que fez vários milhares de mortos, para evocar "fornos análogos aos fornos crematórios dos nazistas", onde teriam sido queimados centenas de *fellagas**. Assim, *vis-à-vis* o Hexágono, outorgou a si mesmo uma dívida ilimitada, varrendo com uma passada de mão as atrocidades cometidas pelos próprios argelinos durante sua luta de libertação, primeiro em relação ao Movimento Nacional Argelino de Messali Hadj [MNA], concorrente da FLN[16] [Frente de Libertação Nacional], depois em relação aos

ção do Terceiro Reich, ou seja, com um 'precedente inquietante' de Auschwitz, é um projeto fraudulento não menos adulterado do que a identificação em 6 de maio de 2005, em Sétif, pelo ministro dos antigos moudjahidin, porta-voz oficial do presidente Bouteflika, da repressão colonial com os fornos crematórios de Auschwitz e o nazismo. Não houve na Argélia nem plano de extermínio conscienciosamente concebido e levado a termo (...) nem projeto coerente de genocídio. O estatuto dos judeus de Vichy tinha a ver, com muito mais firmeza do que o Código do Indigenato, com o delírio biológico: foi um fenômeno franco-francês distinto da discriminação comum exercida sobre terceiros fora do espaço hexagonal [França]" (p. 16).

* *Fellagas*: combatentes das insurreições contra a autoridade francesa durante a época colonial na África do Norte. (N.T.)

[16] Na revista *Hérodote*, primeiro trimestre de 2006, nº 120, Bernard Alidières, professor na Paris VIII, se refere às "lembranças esquecidas" da Guerra da

*harkis** e aos *pieds-noirs***. Esqueceu também a corrupção e a ditadura do Estado FLN a partir de 1962, a repressão ao movimento pela autonomia de Kabilia e a guerra civil realizada contra o FIS*** e o GIA**** a partir de 1991, que fez mais de 100.000 mortos (mesmo que este combate, reconheçamos, tenha nos evitado a instauração de uma república islâmica a uma hora de avião de Marselha). Ele aponta um dedo vingador para a França, evoca um "genocídio da identidade argelina" (*sic*) para não ter que conduzir seu regime e sua pátria a um exame de consciência e se interrogar em especial sobre a doença da violência que assola seu país (como o uso onipresente da tortura por suas forças de segurança). Alegar a todo instante o crime contra a humanidade é dizer aos outros: não me julguem! É instalar-se para sempre no lugar mais inexpugnável, o de condenado da Terra. Como regra geral, a acrimônia dos antigos colonizados em relação à ex-metrópole depende de dois fatores: da maior ou menor dureza da ocupação, da força ou da fraqueza do sentimento nacional. Comparem a relativa serenidade do Marrocos em relação à França com o rancor que continuam a ter por nós os

---

Argélia na França metropolitana — as degolas, execuções, os acertos de contas entre combatentes imigrados da FLN e do MNA nos bairros, pontos de ônibus, cafés, fábricas, de 1955 a 1962 —, casos de violência que certamente contribuíram para o estereótipo do árabe violento na França. Benjamin Stora, a propósito dos enfrentamentos entre os dois componentes rivais do nacionalismo argelino que fizeram muitos milhares de mortos, evoca "um fosso de sangue no seio da imigração".

* *Harki*: militar nativo da África do Norte que servia em uma milícia supletiva ao lado dos franceses. (N.T.)

** *Pieds-noirs*: como eram chamados os franceses que moravam na colônia. (N.T.)

*** FIS: Frente Islâmica de Salvação, que milita pela criação de um Estado islâmico na Argélia. (N.T.)

**** GIA: Grupo Islâmico Armado, organização terrorista cujo objetivo é substituir o governo argelino por um Estado islâmico. (N.T.)

oficiais argelinos: a conquista e a guerra de independência foram, neste caso preciso, de uma especial crueldade, mas, principalmente, a Argélia continua sendo, mais de quarenta anos depois dos acordos de Evian, uma nação de individualidade incerta, ao passo que a monarquia marroquina garante a unidade do reino. Em Argel, o antigalicismo continua sendo o fermento da unidade nacional ausente: ou a identidade é um projeto coletivo ou ela é uma rejeição e portanto uma construção negativa contra um terceiro satanizado. Mas essa satanização é precisamente o que impede a superação do traumatismo e o início de um processo de auto-reflexão.

Da mesma maneira, confundir o comércio triangular com um genocídio, esquecer que os negreiros, como bons utilitaristas, não tinham nenhum interesse em dizimar sua força de trabalho e deveriam encaminhá-la no melhor estado possível até o outro lado dos mares,[17] é ainda invocar a seu favor a incriminação máxima: o nazismo teria começado no dia em que o homem branco, português, espanhol ou holandês, pôs o pé nas costas da África ou da América, semeando a morte, o caos, a destruição. Tudo se passa como se o Terceiro Reich tivesse literalmente engolido, uns depois dos outros, os séculos que o precederam, tornando-se a chave de fenômenos violentos ou atrozes acontecidos algumas centenas de anos antes. Mas não se pode truncar ou manipular a história apenas para agradar a esta ou àquela comunidade. Nem todos os déspotas e tiranos da Europa são redutíveis a Hitler, o qual não é uma marca registrada. Não há nenhuma necessidade de "nazificar" a escravidão para torná-la odiosa. Temos dificuldade em pensar na barbárie no plural, em pensar que nem todos os crimes de massa são genocídios, que

[17] Cf. Olivier Pétré-Grenouilleau, op. cit., p. 12.

nem todos os genocídios se parecem entre si, que há também uma gradação e uma diversidade no horror. Não é minimizar o tráfico ou o colonialismo o fato de não os equipararmos à morte por gás dos judeus e ciganos entre 1940 e 1945. Eles constituem um outro departamento do Mal uma vez que, ao que parece, nesse domínio, a imaginação humana não tem limites. Reclamação de prioridade: nós éramos os primeiros, nós somos os judeus hiperbólicos.[18] Na hierarquia do martirológio, nós nos posicionamos no alto da escala. E os mesmos que contestam a unicidade e a singularidade da Shoah lhe rendem homenagem, querendo a toda força alinhar sua tragédia com aquela última. No caso presente, contentam-se com forjar uma nova história santa: encontrar, de Espártaco* aos dias de hoje, uma única e exclusiva figura do Pária cuja crônica seria escrita retrospectivamente a partir do nacional-socialismo. O grande calvário do oprimido, desde a noite dos tempos, deve se desenrolar sob a sombra da Cruz Gamada, ou ele não será nada.

---

[18] Para a historiadora Rosa Amelia Plumelle-Uribe, a Shoah não é, no fundo, senão um mal-entendido entre brancos que se apressaram, uma vez terminada a Segunda Guerra Mundial, a se reconciliar dando as costas às populações africanas e latino-americanas para apoiar por exemplo o *apartheid* na África do Sul ou em Israel: "Quando afirmo que há atos cuja criminalidade é derivada da identidade das vítimas, é porque esses atos são considerados criminosos se tiverem sido cometidos na Europa contra europeus, mas mudam de nome e se tornam razoavelmente aceitáveis se tiverem ocorrido em outro lugar e se os europeus não forem mais as vítimas" (p. 291). Acusando os europeus de fazerem uma triagem das vítimas, as boas vítimas judias, as más vítimas negras, ameríndias ou palestinas, ela deplora que três séculos de barbárie euro-americana sobre o resto do mundo pesem menos do que doze anos de atrocidades cometidas na Europa pelos nazistas. Ela atribui esse fato "ao peso, freqüentemente esmagador, da supremacia branca sobre nosso inconsciente" (p. 304). Estranha conclusão "racialista" para quem pretende combater os efeitos perversos do racismo!

* Espártaco: chefe dos escravos revoltados que enfrentou, durante dois anos, as legiões romanas. (N.T.)

A DUPLA NOSTALGIA COLONIAL

No dia 23 de fevereiro de 2005, o Parlamento francês, preocupado em manifestar a simpatia da nação em relação aos repatriados da Argélia, *pieds-noirs* e *harkis*, votou um texto reconhecendo "a obra positiva de nossos concidadãos que viveram na Argélia durante o período da presença francesa". O Artigo 4º dessa lei diz que "os programas escolares devem reconhecer em especial o papel positivo da presença francesa no ultramar, notadamente na África do Norte, e conceder à história e ao sacrifício dos combatentes do exército, saídos desses territórios, o lugar eminente ao qual têm direito". Este texto, aparentemente votado por clientelismo e com uma certa indiferença da oposição,[19] constitui um duplo erro: ele promulga, como na ex-URSS, uma história oficial escrita pelo Estado, estimula do alto (mas sob a pressão de *lobbies* interessados) uma história edificante, contrária à verdade dos fatos, uma vez que nenhum dos povos colonizados por Paris cogitou de prolongar nossa tutela. Esse artigo calamitoso, que provocou um clamor nas Antilhas e na Argélia e desencadeou também uma petição de historiadores pela liberdade de pesquisa e contra as leis memoriais,[20] foi retirado um ano depois por Jacques Chirac. Mas ele é parte também de um contexto de revisionismo ideológico no qual só o que importa é, de todos os lados, quebrar o "tabu" do colonialismo, usar a "fratura colonial" para explicar por exemplo a situação de fragili-

---

[19] Sobre as circunstâncias e o voto desta lei, ver, por exemplo, Claude Liauzu e Gilles Manceron, *La Colonisation, la loi et l'histoire*, Syllepse, 2005, p. 23s.

[20] *Libération*, 13 de dezembro de 2005. Os próprios historiadores estão divididos a respeito da necessidade de manter ou de abolir as leis memoriais, a começar pela Lei Gayssot (1992) que pune o crime de negacionismo.

dade e de marginalização das crianças oriundas da imigração. "Fratura colonial"[21]: este termo, vago ao extremo, verdadeiro *gadget* tomado emprestado do vocabulário chiraquiano, permite explicar praticamente qualquer coisa, e só tem alguma força graças à sua falsa simplicidade. Está-se querendo dizer com isso que a França continua marcada por sua história recente? É um truísmo. Que os imigrados provenientes de nossas antigas colônias são maltratados, relegados às tarefas subalternas? Que o patronato e os poderes públicos sonham em importá-los quando precisam deles e em mandá-los embora quando o trabalho começa a faltar? É a mesma coisa em praticamente todos os países da Europa, mesmo naqueles que não têm nenhum passado imperial. Esses migrantes são menos bem considerados do que os tâmeis, chineses, paquistaneses, filipinos, ou mesmo os bálticos, os poloneses, todas essas nacionalidades que nós não colonizamos?[22] Eles são menos bem tratados do que os ciganos da Romênia cujas construções provisórias a polícia destrói regularmente além de desmantelar suas redes? Na verdade, não é a França que não sabe o que fazer com seus estrangeiros em geral e por isso contrapõe a todos eles seu sistema protecionista?

Para dizer a verdade, o processo do colonialismo está sendo reaberto não por ter sido ignorado ou reprimido na escola,[23] mas por servir para trazer de novo ao foco todos os

---

[21] Pascal Blanchard, Nicolas Bancel, Sandrine Lemaire, *La Fracture coloniale: la société française au prisme de l'héritage colonial*, La Découverte, Paris, 2005.

[22] Um artigo do *Le Monde*, de 17 de fevereiro de 2006, assinalava que os diplomados poloneses limitavam-se a fazer *baby-sitting* em Paris e que o mercado de trabalho continuava fechado aos jovens do Leste. Atitude colonial ou malthusiana de proteção de nossos trabalhadores?

[23] Um levantamento realizado pelo jornal *Libération* (17 de outubro de 2005) revela que, para cada seis manuais de história consultados sobre o

que têm saudade das antigas divisões. Assim como há os inconsoláveis da Guerra Fria, há os intelectuais que jamais aceitaram mentalmente a independência dos antigos territórios sob administração francesa. O anticolonialismo serve de marxismo de substituição a toda uma esquerda vivendo a perda da compreensão do mundo. Como a idéia de nação acumula todas as taras da dominação ocidental — expansionista, ela cai no pecado imperial; confinada em suas fronteiras, no pecado de chauvinismo e de racismo —, é preciso produzir, com grande reforço de artifícios, a imagem de uma França xenófoba por ser francesa, ou seja, marcada com ferro incandescente por um passado criminoso. A situação ruim dos magrebinos e dos negros se explicaria pela "persistência e aplicação de esquemas coloniais a certas categorias da popu-

assunto, três mencionavam sem evasivas a violenta repressão de 17 de outubro de 1961 em Paris, quando várias centenas de argelinos foram afogados no Sena ou espancados até a morte por soldados franceses. Um outro levantamento, dessa vez efetuado pelo *Le Nouvel Observateur* (8/14 de dezembro de 2005), que examinou quatro manuais de diferentes séries, mostra que o tempo das colônias e da escravidão é amplamente abordado pelas obras de história e que eles apresentam um quadro sombrio e crítico da dominação européia. Um terceiro levantamento sobre este tema, apresentado pelo *Le Monde* dos dias 25 e 26 de dezembro de 2005 por Philippe Bernard e Catherine Rollot, chega a uma conclusão idêntica: "Não somente a colonização figura nos programas como ela ocupa uma parte não negligenciável dos livros e, portanto, em princípio, dos cursos. Longe de transmitir uma visão maniqueísta da conquista colonial e de suas conseqüências, as aulas, sua iconografia e os textos que as ilustram propõem um relato completo no qual as realidades são mais questionadas do que impostas." (Citado em Faes e Smith, op. cit., pp. 332-333.) O que se deveria exigir dos livros escolares é que eles dessem conta do estado da pesquisa em um determinado momento e das controvérsias dos historiadores, não que fornecessem aulas de moral. Valérie Esclangon-Morin, por exemplo, deplora que se queira contar a história colonial sob a forma de um quadro positivo/negativo, fixando-a em um estereótipo ("Quelle histoire de la colonisation enseigner?" em Claude Liauzu e Gilles Manceron, op. cit., p. 99s.).

lação (categorias reais ou construídas), principalmente as oriundas do ex-Império"[24]. "Nossos pais e avós foram escravizados", afirma por outro lado o Appel des Indigènes [Manifesto dos Nativos], lançado por diversos grupos durante o inverno de 2005 e apoiado por diversas personalidades de esquerda próximas dos meios islâmicos: "Nós, filhas e filhos de imigrados, estamos (...) engajados na luta contra a opressão e a discriminação produzidas pela República pós-colonial (...) É preciso acabar com instituições que mantêm populações originárias da colonização em um *status* de subumanidade." A se acreditar nessas novas vulgatas, os problemas sociais seriam, antes de mais nada, problemas étnicos (note-se a semelhança retórica com os discursos do Front National*), e as periferias, simplesmente nossos novos domínios, onde os habitantes estariam reduzidos ao silêncio, mantidos em um sistema de racismo institucional.[25] Paris estaria portanto roubando nos conjuntos habitacionais da periferia, explorando suas riquezas, exercendo sobre eles uma política de espoliação! Lembremo-nos de que outros quiseram fazer das periferias o equivalente dos territórios ocupados da Palestina, uma Faixa de Gaza e uma Cisjordânia nas cercanias de Lyon, Toulouse ou Paris. E eis que os franceses se tornaram colonos na própria terra e terão que ser expropriados do Hexágono! Em vez de admitir que o sistema francês desencoraja a inicia-

---

[24] Pascal Blanchard, Nicolas Bancel, Sandrine Lemaire, op. cit., pp. 24-25.

* Front National (FN): partido criado em 1972, de tendência de extrema direita, cujo presidente é Jean-Marie Le Pen. (N.T.)

[25] "Na França de hoje, os indivíduos dos 'bairros sensíveis' estão reduzidos ao silêncio no plano político, mantidos em uma dependência econômica muito forte e dominados socialmente e culturalmente por um verdadeiro sistema de institucionalização do racismo e das relações coloniais." (Didier Lapeyronnie em *La Fracture coloniale*, op. cit., p. 120.)

tiva e o esforço, que uma taxa de desemprego de 40% entre os jovens nos conjuntos habitacionais, que a ausência de qualificações e de solidariedades interfamiliares e a onipresença de gangues fazendo a lei e cobrando pedágio nos bairros tornam catastrófica a situação desses habitantes, inventam uma genealogia fantástica, lêem Minguettes* ou La Courneuve** com óculos dos Aurès*** ou do Alto Tonquim****. Vê-se aí uma espécie de colisão espaçotemporal, uma superposição de continentes e épocas onde tudo se mistura, o Departamento número 93 [Seine-Saint-Denis] e as *townships* sul-africanas, Clichy e Gaza, Bobigny e o tráfico. Cada um pode, segundo suas inclinações, habitar o país virtual da escravidão ou do colonialismo, transformados em conceitos fluidos, *habitats* temporários, escolhidos para depositários da raiva, da insatisfação.[26] Mas a situação nas periferias tem a ver com a rejeição, a separação territorial, não com a subordinação a fins comerciais que foi a característica dos Impérios. Os colonos se ligavam a uma região, não a abandonavam, não a tinham na conta de "território perdido da República". Quando um governo deixa de lado uma parte de seus residentes, desempregados, desempregados com tempo de seguro-desemprego esgotado, pobres, subproletários, os que

---

* Minguette: bairro residencial localizado na periferia sul de Lyon, com grande número de HLM. (N.T.)

** La Courneuve, Clichy, Bobigny: comunas do Departamento de Seine-Saint-Denis, ao norte de Paris, com grande número de HLM. (N.T.)

*** Aurès: na região leste da Argélia, uma cadeia de montanhas. (N.T.)

**** Alto Tonquim: região do Vietnã, parte da antiga Indochina francesa. (N.T.)

26 Assim, quando o cantor marfinense Alpha Blondy explica a propósito da lei sobre a imigração votada no Parlamento em 18 de maio de 2006: "Essa noção de imigração escolhida, esse *apartheid* migratório remetem ao tempo dos escravos em que os comerciantes escolhiam os mais vigorosos, os que

recebem RMI*, não se diz que ele os coloniza, diz-se que ele os negligencia.[27] Da mesma maneira que estamos, há meio século, sendo encharcados de resistencialistas, ou seja, indivíduos nascidos depois de 1945 que sonham em lavar a afronta da colaboração combatendo o "fascismo", assistimos à volta de uma geração de terceiro-mundistas retomando as lutas de libertação meio século depois da independência dos países do Sul e tartamudeando fervorosamente seu catecismo anticolonialista para anunciar que vão libertar o 9-3 [Seine-Saint-Denis]! Eles nos fazem pensar naqueles soldados japoneses espalhados pelas ilhas do Pacífico que ainda não sabiam, no final do século XX, que a Segunda Guerra Mundial tinha acabado. É uma vocação ser herói depois de terminados os combates, o que confere um esplendor de franco-atirador sem expor você ao menor risco. Mas um historiador não consegue deixar que a ideologia — mesmo que ela seja das mais generosas — ensine-lhe seu ofício sem rebaixar sua disciplina ao nível de simples propaganda.

---

tinham os melhores dentes para mandar para o Ocidente" (AFP, 14 de maio de 2006), está misturando pelo menos três épocas, o presente, o tempo do *apartheid* na África do Sul e o do tráfico. Ele esquece simplesmente, no seu exagero, que a escravidão era forçada, os homens e as mulheres eram vendidos contra a vontade, ao passo que ninguém está obrigando os africanos a emigrar para a França.

* RMI: benefício pago aos que não têm nenhuma renda, acrescido de disposições para favorecer a inserção profissional do beneficiário. (N.T.)

[27] Acusando a esquerda de vitimizar os filhos dos imigrados, Béatrice Giblin sublinha que, além dos autóctones, há também os "indigentes" da República, o proletariado franco-francês, como o das vilas operárias das regiões mineiras de Nord-Pas-de-Calais ou de certas zonas do mundo rural, toda uma população esmagada demais pela miséria para se lembrar de chamar a atenção dos políticos ou tocar fogo nos bairros. Béatrice Giblin, "Fracture sociale ou fracture nationale", *Hérodote*, nº 120, 2006, p. 77s.

O importante, contudo, é lembrar um fato muito simples. A descolonização aconteceu. Muito imperfeita, admita-se, mas finalmente a França virou a página. Se ela quer esquecer esse período ou se torce o nariz para sua lembrança, é porque a amnésia é, no caso, a contrapartida do desligamento. É para lembrar da "Françáfrica", seus escândalos, suas redes de *barbouzes**, as manipulações orquestradas por De Gaulle, Giscard, Mitterrand e Chirac? Tratou-se sobretudo de uma relação de "corrupção mútua" (Achille Mbembe) na qual Paris e alguns chefes de Estado africanos se mantinham em uma dependência recíproca; ela hoje está pronta para terminar, como ilustra tristemente o atoleiro marfinense. Como não ver que o verdadeiro perigo incorrido hoje em dia não é a expansão e sim o abandono puro e simples? Segundo a expressão brutal do economista Paul Bairoch: "O Ocidente não precisa do Terceiro Mundo, o que é uma má notícia para o Terceiro Mundo"[28]. Em suma, à desgraça de ser explorado responde a desgraça maior ainda de não ser mais nem um pouco explorável, de estar abandonado. O que ameaça numerosos países pobres do Sul não é a invasão do polvo

---

* *Barbouze*: agente dos serviços secretos ou polícia paralela. (N.T.)

28 Paul Bairoch, *Mythes et paradoxes de l'histoire économique*, Paris, La Découverte, 1994, citado em Daniel Cohen, *La Mondialisation et ses ennemis*, Grasset, 2004, p. 11. Sobre a falsa idéia de que o Ocidente teria enriquecido pilhando o Terceiro Mundo, Daniel Cohen opõe dois fatos: as potências coloniais tiveram um crescimento mais lento do que as potências não coloniais, e os países do Norte não se desenvolveram graças à exploração das matérias-primas importadas dos países pobres, uma vez que os países ricos, durante muito tempo, fabricaram eles mesmos as ditas matérias-primas. Idem, pp. 61-62. Ver a esse respeito a obra de referência: Jacques Marseille, *Empire colonial et capitalisme français. Histoire d'un divorce*, 1984. Reedição Albin Michel, 2005.

capitalista, é o inverso: é o fato de não interessarem nem aos investidores nem aos grandes grupos, de terem sido postos fora do jogo dos circuitos mundiais. Nada pode ser pior do que uma retirada unilateral, uma ruptura dos vínculos forjados ao longo dos séculos. É à Europa que a França deve legar seu domínio de influência africano, já que só a Europa está a altura desse continente, a fim de tecer relações coerentes e não cortar as pontes.

Colonialismo tornou-se então uma palavra-ônibus que não designa mais um processo histórico preciso, mas o conjunto do que se recusa, o ideal republicano, o modelo francês, a laicidade, o poder das multinacionais, sei lá o que mais? É verdade, uma pequena fração de repatriados continua órfã da Argélia francesa na França; mas uma fração conseqüente da esquerda intelectual não o é menos, e ainda chora o romantismo revolucionário e o *élan* político daquele período. Para essa esquerda-credora, simultaneamente gemedora e cheia de compaixão, a imigração, em vez de ser uma chance para os que partem e para o país de acolhida, seria uma simples restituição: a França (ou a Holanda, a Inglaterra, a Espanha) pagaria suas dívidas com a África recebendo seus filhos. A Europa deve tudo a estes últimos: moradia, saúde, educação, salários decentes, consideração imediata e sobretudo respeito por sua identidade. Antes mesmo de pôr o pé no nosso território já são detentores de um direito do qual vêm se reembolsar. "De todo modo, a verdadeira vitória seria a França aceitar você, mesmo que você não jogasse futebol", diz uma estranha publicidade do Comitê Católico contra a Fome e pelo Desenvolvimento, mostrando a foto de um menino jogando bola em uma aldeia africana durante a Copa do Mundo de 2006.[29] Pode-se perguntar se essa visão crística e ligeiramente paternalista do imigrado não está ela própria impregnada de uma visão colonial ao contrário, que consiste em fazer da metrópole a eterna devedora de suas antigas possessões.[30] (Mesmo que a imigração não tenha sido uma escolha, ela tem que ser admitida, aceita como um fenômeno inelutável, uma imposição da Providência; é curioso escutar dirigentes socialistas louvando o *laissez-faire*, erigindo o fatalismo em *slogan* progressista.) Ora, cortar o cordão umbilical é parar de raciocinar em termos de dívida ou de dependência, é privilegiar a parceria em vez da relação afetiva ou rancorosa o que não proíbe nem a solidariedade nem as responsabilidades. Há talvez aí uma revolução mental a empreender de um lado e de outro, entre Paris e as diferentes capitais africanas, que não será menos árdua do que a primeira. Quanto aos adjetivos "descolonizado" ou "pós-colonial", eles têm o defeito de ainda marcar um elo de subordinação com o antigo sistema, confundindo a ruptura com a seqüela, a secessão com a continuidade. É preciso se sentir muito seguro de si para dizer, como o presidente da República Popular da China ao acolher a senhora Thatcher em 1985: "A ocupação britânica acordou a China de seu sono secular"; ou para ressaltar,

---

[29] Comitê Católico contra a Fome e pelo Desenvolvimento, terça-feira, 11 de junho de 2006, *Le Monde*.

[30] Sobre o fato de as políticas de imigração não decorrerem do passado colonial, mas seguirem outras fontes de legitimação cultural, ver o que o pesquisador americano Erik Bleich concluiu em um estudo sobre a integração de imigrantes na França e na Grã-Bretanha. "Os imigrados provenientes das antigas colônias são tratados da mesma maneira que os outros estrangeiros, com os mesmos direitos e os mesmos abusos." "Des colonies à la Métropole", em Weil et Dufoix, op. cit., p. 437s.

como o primeiro-ministro indiano Manmohan Singh ao receber, na Universidade de Oxford, o título de doutor *honoris causa* no dia 8 de julho de 2005, os aspectos positivos do Império britânico, que a Índia teve certamente boas razões para combater, mas do qual deve igualmente reconhecer "as conseqüências benéficas". O passado não foi esquecido, ele está sendo reconduzido tranqüilamente ao seu lugar, digerido.[31] Essas grandes nações, favorecidas, é verdade, por seu tamanho, seu poderio, o nível muito alto de suas elites, simplesmente se tornaram donas de seu destino.

UM INIMIGO NASCEU PARA NÓS

Hannah Arendt fala, em algum lugar, da "terrível distância que nos separa de nossos começos", sobretudo nas democracias sempre propensas ao relaxamento dos princípios, à corrupção dos ideais. Para essa degradação existe um remédio terrível: a presença de um bom inimigo que nos aterrorize tanto quanto nos mobilize, lembrando-nos que podemos perder tudo, que a vida não se reduz à quietude dos projetos pessoais. "Oh vocês que são meus irmãos porque tenho um inimigo", dizia Paul Eluard. Combinando o fanatismo e a tecnologia, o inimigo de hoje, o terrorismo islâmico, ataca ao acaso nas cidades, nos locais públicos, às cegas, como um fenômeno natural. É um castigo sem reivindicações, sem culpados designados, sem outra

[31] Como bem o expressa Jean-Luc Racine sobre "L'Inde émergente ou la sortie des temps postcoloniaux", *Hérodote*, op. cit., p. 28s. Para o autor, a Índia entrou na sua "fase pós-colonial", sinal de uma verdadeira maturidade nacional.

vontade que não seja a de matar e devastar. Esse terror, presente em toda parte, identificável em nenhum lugar, pode paralisar o espírito, arrastá-lo para uma política de capitulação. Pode também aguçar nossa compreensão da adversidade, levar-nos a distinguir o que tem a ver com operações militares e policiais e o que se relaciona à guerra das idéias. Uma parte do islã se radicaliza não por ele se afastar de nós, mas, ao contrário, por ele se aproximar do Ocidente: não há nenhum choque de civilizações nesse antagonismo, há, ao contrário, uma convergência violenta. Os barbudos mais extremistas, sabe-se, saem das faculdades de ciências e pertencem em geral às classes abastadas. Patologia do mimetismo e não da alteridade.

A busca de uma pureza da fé pode ser, como tinha visto Nietzsche, o inverso do ceticismo ou do desespero. O islã, na sua versão fundamentalista, tem a virtude principal de nos obrigar a reavaliar tudo o que já demos por adquirido: a laicidade, a igualdade entre homens e mulheres, o regime democrático, a liberdade de expressão, a tolerância. Ele nos obriga, sobretudo na França, a reconsiderar o fato religioso, a compreender o fenômeno da crença uma vez que nosso próprio sagrado, na Europa, é a dessacralização. Retorno aos grandes debates do Iluminismo. Tudo que parecia óbvio deve ser repensado graças às objeções dos fiéis, dos teólogos, dos imames decididos a nada conceder a nossas sociedades permissivas. Essas objeções feitas a nossas certezas, não as varramos com uma passada de mão. Mesmo que não haja nenhuma dúvida de que o radicalismo islâmico será vencido um dia — mas ao preço de quais sofrimentos, de quantas centenas de milhares de mortos? —, aceitemos o fato de que um inimigo nasceu para nós e nos ajuda a permanecer vigilantes, em estado de alerta. É o caso de dizer com Tucídides: "Sua hostilidade nos faz menos mal do que sua amizade." O adversário nos coloca na posição contraditória de querer vencê-lo e de querer preservá-lo para preservar a energia que ele nos insufla. Ele é ao mesmo tempo detestável e desejável.

VI

Ouça meu sofrimento

"É duro ser negro. Você
nunca foi negro? Eu era antigamente,
no tempo em que era pobre."
Larry Holmes, antigo campeão do mundo
de boxe, categoria peso pesado*

* Citado por Alain Erhenberg, *Le Culte de la performance*, Calmann-Lévy, 1991, p. 24.

O fato de um certo número de cidadãos negros ou magrebinos desejarem redefinir seu contrato com a República por se sentirem malquistos ou sub-representados é uma prova de saúde republicana. O fato de quererem se tornar "franceses inteiros e não franceses inteiramente à parte", de denunciarem as discriminações por aparência física ou por sobrenome, de enfatizarem que "sua cor é sua dor", como dizia um operário marroquino em um estúdio de televisão, é ao mesmo tempo justo e lícito. A França, sua grandeza e seu limite, postula a abstração do cidadão e privilegia o direito à semelhança sobre o direito à diferença: mas ela esquece com muita freqüência que a semelhança se aplica igualmente aos que diferem de nós, homens e mulheres de outros horizontes, de outras cores de pele, outras religiões, que têm o direito de entrar para o círculo encantado do semelhante. Ao escrever *Homem invisível* em 1952, o americano Ralph Ellison insistia, através de uma alegoria, na transparência de seus compatriotas negros nos Estados Unidos, cuja cor da pele os tornaria intercambiáveis e sem identidade. Muitas minorias se sentem assim na França, em estado de morte social, imperceptíveis por serem visíveis demais, dissimuladas por sua ostentação, condenadas a permanecer eternamente "pré-alguém" (Evelyne Kestenberg).

DA VITIMIZAÇÃO COMO CARREIRA

A grande questão consiste em saber em nome do quê essas coletividades se mobilizam: de uma igualdade de direitos vilipendiada ou de um ultraje de tal maneira profundo que as colocaria em estado de crédito ilimitado? Reclamar um lugar no espaço público através de uma reapropriação do passado, conhecer e tornar conhecida, por exemplo, a história dos argelinos, marroquinos, senegaleses, mortos pela França e utilizados como carne de canhão nas nossas guerras européias (ver o filme *Dias de glória* de Rachid Bouchared), faz parte de um processo legítimo de auto-revalorização para os filhos e para os netos. O reconhecimento simbólico pelas mais altas autoridades do Estado vem então completar esse processo, e a França cometeria um erro se ocultasse a parte árabe-africana de sua identidade[1]. Mas existe também o perigo de se "santuarizar" a própria desgraça, se necessário personificando-a com uma lei, fazendo dela um baluarte hermético. Herdeiros: isso designava tradicionalmente as crianças de boa família que dispunham de uma grande fortuna e de boa educação. De agora em diante a palavra significa a transmissão de um novo valor patrício: a dor, que nos alça a uma ordem nobiliária inédita. Eis-nos todos legatários de um lado e do outro de uma mesma barreira, perpetuando uma distinção ou um defeito que nos marca para sempre. Não criamos mais nossa vida, repetimos as feridas de ontem. O que o pensamento vitimário ressuscita

[1] No dia 15 de agosto de 2004 em Toulon, na ocasião do 60º aniversário do desembarque da Provença, Jacques Chirac rendeu homenagem à contribuição dos antigos combatentes magrebinos e africanos para a libertação da França.

é a antiga categoria religiosa da maldição. Como então evitar transformar tudo isso em *lobbies* de supliciados profissionais, disputando com outros as partes do mercado e a coroa de mártir? Assim como há judeus imaginários, há escravos e colonizados imaginários que querem tirar partido de uma legenda maldita e ficar um pouco mais sob o foco. Assim se reconstituiria a grande fraternidade dos naufragados e dos esmagados diante da qual só haveria opressores e torturadores. A vitimização seria uma espécie de discriminação positiva desordenada, uma maneira de se outorgar um favoritismo quando todos os recursos jurídicos, políticos passam a faltar. Dizer-se vítima é apresentar a candidatura à exceção; talvez constitua uma etapa indispensável para uma minoria na autoreconstrução, na reconquista da própria dignidade. Mas é uma faca de dois gumes. Pois não se funda um sentimento de pertença com uma desgraça teatralizada, ele é fundado em uma experiência coletiva compartilhada, em uma responsabilidade crescente na vida pública, midiática, profissional. A vitimização não faz comunitarismo, como suspeitam os adeptos do modelo republicano, ela fabrica conglomerados de queixosos, forja ficticiamente uma comunidade ausente. Essa alocação de prestígio entre os "vencidos" ou entre os que se sentem como tais é ambígua. É um erro acreditar que a culpabilização eventual das crianças nas escolas, em nome do princípio "os avós de vocês escravizaram os meus", vá fazê-las ter mais simpatia pela idéia da diversidade humana ou lhes parecer outra coisa além de uma *mise-en-scène* artificial.[2] Imagi-

[2] É no que parece acreditar Sandrine Lemaire quando atribui à escola o papel de calmante que poderia, por intermédio de um melhor ensino da

nemos nossas cabecinhas louras, morenas ou crespas abordando-se no pátio de recreio, apresentando-se como "descendentes de escravos, de colonizados, de negreiros, de bandidos, de camponeses, de vagabundos"! Por que exigir de um menino ou de uma menina que se tornem contemporâneos de infâmias eventualmente cometidas há três séculos por obscuros desconhecidos de Nantes, Bordeaux, La Rochelle, quando eles mesmos são alérgicos a qualquer idéia de servidão? Em suma, depois que a Europa enterrou suas querelas seculares e reconciliou os inimigos hereditários, só o tráfico e o imperialismo escapariam à história, ou seja, ao distanciamento, sendo necessário continuar a injetar neles o furor, a ira, a repetir como uma ladainha a famosa frase de Faulkner: "O passado nunca morreu, nem sequer passou."

Por conta disso, instaura-se uma verdadeira guerra civil de memórias incompatíveis umas com as outras, impossibilitando a instauração de uma cronologia comum, uma vez que sempre haverá grupos que, em nome de suas crenças ou de seus sofrimentos, nela não se reconhecerão.[3] A menos que se faça um relato federador nacional ou supranacional que reúna os diversos componentes de um país e lhe imprima um *élan* comum, este se reduz a uma aglomeração de tribos

história, "acalmar as tensões de certas coabitações intercomunitárias" (em *La Fracture coloniale*, op. cit., p. 94). É confundir a instrução com a compaixão.

[3] O relatório Obin, da Inspetoria Geral da Educação Nacional, entregue ao primeiro-ministro François Fillon, em fevereiro de 2005, explicava a dificuldade dos professores em falar dos filósofos do Iluminismo ("Rousseau é contrário à minha religião"), estudar o *Tartufo* de Molière, ler *Madame Bovary*, história de uma mulher infiel, promover a laicidade, evocar a construção das catedrais, abrir o mapa de uma igreja bizantina, admitir a existência de religiões pré-islâmicas, falar de perseguições anti-semitas etc.

black, *beure**, cigana, antilhana, corsa, basca, homossexual etc., unidas por suas dissensões recíprocas, apelando para o Estado como para uma simples instância de mediação. A identidade cessa então de coincidir com a cidadania; é justamente ela que a torna impossível. É possível que haja uma impossibilidade no modelo inglês ou francês. Mas o que há sobretudo, como vimos, é uma desqualificação da idéia nacional na Europa, o que torna absurdo o próprio conceito de integração. Ele se reduz então a dois modelos complementares: o modelo liberal, que faz da instalação em um país o equivalente a um contrato de trabalho renovável ou rescindível segundo a lei da oferta e da procura. E o modelo terceiro-mundista ou cristão da hospitalidade, que exige acolher qualquer um que venha para nosso país, sem nada exigir, num puro gesto de oblação. Se não há mais patriotas ou autóctones, também não há mais estrangeiros, restando os bem aquinhoados que se sentem em dívida com o próximo mais necessitado. Só o Estado de bem-estar social, por intermédio das alocações de que nos provê, nos lembra que ainda somos de um lugar, de uma administração. Falta a adesão simbólica a um princípio espiritual, fruto de uma história singular, a associação voluntária livremente consentida a uma comunidade nacional específica, com o que isso supõe de aprendizagem da língua e de iniciação à cultura própria. Não basta regularizar centenas de milhares de imigrados, assegurar-lhes uma vida e um trabalho decentes. É preciso ainda, se eles desejam ficar em nosso país, transformá-los em verdadeiros europeus, espanhóis, franceses, italianos, o que supõe uma

* *Beurs*: jovens magrebinos nascidos na França de pais imigrados. (N.T.)

sociedade política segura de si mesma e de seus valores, que organize por exemplo para os recém-chegados uma cerimônia de acolhida solene. Culpam-se, freqüentemente com justeza, as grandes nações por suas falhas na absorção dos imigrados. Esquecem que existe também um despotismo das minorias, rebeldes à assimilação se ela não vier acompanhada de um estatuto de extraterritorialidade.[4]

Mais grave ainda: sob o manto do respeito às diferenças culturais ou religiosas (credo de base do multiculturalismo), encerram-se os indivíduos em uma definição étnica ou racial, tornando a mergulhá-los na rede da qual se pretendia subtraí-los. Eis o negro e o árabe para sempre prisioneiros de sua história, recolocados por seus bons amigos progressistas no contexto da antiga dominação, submetidos aos grupelhos étnicos. Como na época colonial, são consignados à residência em sua epiderme, sua origem. Por uma dialética perversa, reforçam-se os preconceitos que se queria extirpar: não se pode mais considerar o outro como um igual, mas como um inferior, um oprimido perpétuo cujas provações passadas nos interessam mais do que os méritos presentes. (É o gran-

---

[4] Segundo uma sondagem ICM [empresa de pesquisa de opinião], publicada em 19 de fevereiro de 2006 pelo *Sunday Telegraph*, 40% dos muçulmanos da Grã-Bretanha desejam a instauração da *charia* entre eles. Avaliando que a comunidade judia tem excessiva influência na diplomacia, opõem-se à guerra contra o terrorismo e se sentem pouco à vontade na sociedade britânica. Uma em cada cinco pessoas interrogadas diz ter simpatia pelas motivações *kamikazes* dos atentados de 7 de julho de 2005 em Londres, mesmo que 96% delas condenem os ataques terroristas. Outra sondagem mais inquietante publicada pelo *Times* no começo de julho de 2006: perto de 13% dos muçulmanos britânicos consideram os autores dos atentados de Londres mártires; 7% dos entrevistados consideram justificados, em certas circunstâncias, os ataques suicidas contra civis na Grã-Bretanha.

de problema dos "orgulhos" *gay*, bi, trans, bretão, negro etc., vindo em geral de categorias estigmatizadas, que podem subentender o contrário do que enunciam: que é possível ter vergonha de ser o que se é. É revelador o fato dessa expressão originária das políticas de identidade ter se tornado o *slogan* de todos. Pois devemos ter orgulho não do que somos e que não depende de nós, mas do que fazemos.) Aos nossos olhos de europeus, um afro-americano é antes de mais nada um cidadão americano com tudo que isso implica no plano cultural, lingüístico, econômico.[5] Pois na vida de todos os dias eu não me aproximo de "judeus", de "negros" ou de "árabes", todas elas categorias abstratas, eu me aproximo de pessoas distintas, que eu aprecio ou não, às quais me ligam afinidades precisas, mas cujas raízes, tez pálida ou escura, convicções religiosas não intervêm senão secundariamente em meu julgamento. Um indivíduo só existe como tal quando sua singularidade é mais importante do que sua nacionalidade, sua cor de pele, sua pertença.

A predominância do racial sobre o social, do étnico sobre o político, do minoritário sobre a norma, da memória sobre a história é contemporânea da explosão do Processo como drama total da modernidade com seus três protagonistas: os requerentes, o juiz e o advogado. Não estamos mais na rela-

---

[5] Um artigo um tanto amargo do *New York Times* relatava o choque dos afro-americanos convidados pelo governo de Gana para ir encontrar suas raízes e que foram chamados de "brancos" pelos autóctones. Sua abastança material, seu poder de compra os "embranqueceu" aos olhos dos ganenses. Eles os invejavam ademais por viverem nos EUA e se esforçavam para partir para lá, não compreendendo por que os outros quereriam voltar para a África. *The New York Times*, 27 de dezembro de 2005.

ção clássica de forças, em um combate que tem em vista um resultado, mas em uma sala de audiência onde a saída depende da habilidade retórica das partes adversárias e do peso da opinião pública. O tribunal se tornou a verdade de todas as lutas, inclusive a luta de classes doravante submetida à sua jurisdição. Ele recruta até o Estado sob sua bandeira, é o único denominador comum de um mundo dividido. Nos Estados Unidos, homens da lei investigam as empresas suspeitas de terem tido ligações com a escravidão; na França, processa-se a SNCF [Société Nationale des Chemins de Fer] por sua suposta cumplicidade com a máquina de morte nazista. Amanhã, atacarão os armadores que participaram do tráfico. Vão tirar do sono as guerras de religião, botar uns contra os outros ortodoxos, protestantes, católicos, explorar infinitamente as galerias do passado para colocá-las a serviço de nossas paixões chicanistas. Como todas as penas são conseqüência de uma falta, precisamos de bodes expiatórios solventes dos quais se possa calcular em dinheiro líquido a taxa de nocividade. O século que está começando será o do litígio generalizado: os processos de reparação, de restituição de obras de arte vão se multiplicar de maneira exponencial; vão ser esvaziados todos os museus, se necessário, para devolver cada pintura, escultura, baixo-relevo a seus proprietários de origem, a noção de imprescritível se estenderá a todos os domínios. As amarras do tempo se desprenderam. A classe operária vai requerer um dia perdas e danos ao capitalismo por sua exploração desavergonhada durante dois séculos? A partir do momento em que alcançamos o *status* de possuidores de direito, alcançamos imediatamente o de lesados. *Cada um de nós adquire ao nascer um portfólio de reclamações que terá que fazer frutificar.* A história inteira é um crédito a nosso favor cujo pagamento exigimos que seja feito imediatamente. Hoje em dia combinamos um romantismo do sofrimento, nova casta da elite, com uma alergia absoluta à dor, sendo o ideal adquirir o título de pária sem nada ter sofrido. A menor adversidade nos atinge e é um escândalo que deve ser indenizado. Posar de vítima é dotar-se do duplo poder de acusar e reclamar, de atirar o opróbrio e postular. E uma vez que todos nós temos em nossa árvore genealógica pelo menos um enforcado, um servo, um proletário, um perseguido, remontaremos até a Idade Média, se for preciso, para reclamar justiça. O combate político clássico formava homens e mulheres aguerridos, orgulhosos das conquistas obtidas, o combate jurídico contemporâneo fabrica descontentes crônicos. Não há certeza de que se trate de um progresso.

PROTEGER AS MINORIAS OU EMANCIPAR O INDIVÍDUO

Toda a ambigüidade do multiculturalismo vem do fato de ele encarcerar, em nome das melhores intenções, os homens, as mulheres e as crianças em um modo de vida e tradições das quais eles aspiram na verdade a se emancipar. As políticas de identidade reafirmam com efeito a diferença no momento em que se quer assentar a igualdade, pois elas trazem de volta, em nome do anti-racismo, antigos *partis pris* ligados à raça ou à etnicidade. A proteção dos direitos das minorias é também o direito, para cada indivíduo pertencente a essas minorias, de se desligar delas sem prejuízos, por indiferença, por esquecimento das solidariedades clânicas ou familiares, direito de forjar um destino que lhe seja próprio sem reproduzir o que seus pais lhe legaram. É, pois, o direito de existir na qualidade de pessoa privada, de se tornar alguém não dedutível de suas raízes, mas que imprima à sua vida o sentido que deseja lhe dar. O que deveria significar a emancipação republicana? A promoção social e o esquecimento dos determinismos biológicos, culturais: tirar o negro, o árabe dos papéis subalternos, das tarefas penosas nas quais são freqüentemente confinados. Libertá-los dos estereótipos que os reduzem às profissões de esportistas, atletas, porteiros, trabalhadores braçais etc. Torná-los, se for preciso com uma correção voluntária das desigualdades, visíveis no espaço público, presentes em todos os escalões da sociedade, na empresa, nas mídias, na medicina, no mundo político, em suma, fazer deles cidadãos no sentido pleno do termo (quando veremos em nossos países um Colin Powell ou uma Condoleezza Rice alcançar as mais altas responsabilidades?). A imensa vantagem da cidadania européia é conjugar o particular e o universal, autorizar o desenvolvimento individual em cerca de 25 países, ligados por uma mesma legislação. Podemos doravante cumular as definições de nós mesmos em vez de excluir uma em benefício de outra (ser por exemplo parisiense, francês, europeu). Não estamos mais na era das pátrias opressoras, mas na das benevolentes: a possibilidade oferecida a cada um de ir morar ou estudar em Londres, Amsterdã, Barcelona, Bolonha, Cracóvia, Praga, Budapeste constitui um alargamento espiritual extraordinário junto do qual o vínculo exclusivo de uma identidade minoritária parece um definhamento patético.

Pois as minorias, por conta dos prejuízos que lhes foram infligidos, adquiriram uma prerrogativa que era antigamente a da burguesia: sentir-se os melhores entre todos, abandonar-se à volúpia da boa consciência. Elas exibem ruidosamente sua personalidade, orgulham-se de ser o que são, praticam a autocelebração, não se reconhecem nenhuma imperfeição, não se autorizam nenhuma rediscussão, escapam por vezes até das leis comuns (nos Estados Unidos, os *gays*, homens ou mulheres, não podem, salvo exceção raríssima, ser acusados de assédio sexual: a livre expressão da libido é sempre inocente). Transferiram-se para as minorias os privilégios proibidos às classes dominantes e às nações. De resto, a minoria, étnica, religiosa, sexual, regional, nada mais é do que isto: uma pequena nação entregue a seu angelismo, lavada do pecado original, na qual o chauvinismo mais exagerado é apenas a expressão de um legítimo amor-próprio. Sob o pretexto de celebrar a idéia de diversidade, instaura-se, ao mesmo tempo a separação dos homens e sua desigualdade, uma vez que alguns, apenas pelo fato de existirem, gozam de vantagens proibidas aos outros. Por conta disso, existe uma polícia das marginalidades que não é menos severa do que a outra, um micronacionalismo igualmente exacerbado. A chantagem da solidariedade étnica racial, religiosa, a denúncia dos traidores chamados de "*bougnoules*"* ou de "*macaques*" de serviço[6] [macacos] servem de chamada à ordem aos recalcitrantes eventuais e refreiam suas aspirações à liberdade.

---

* *Bougnoule*: injúria racista: magrebino, árabe. (N.T.)

[6] Na França, um grupúsculo supremastista negro e anti-semita, a Tribo K, que se autonomeia Faraós e afirma a superioridade racial dos africanos sobre o resto do mundo, denuncia, visando essencialmente ao SOS Racismo, "todos os '*macaques*' da amizade judaico-negra".

Cada vez que um país ocidental quis codificar um direito das minorias, foram os membros, geralmente mulheres saídas dessas minorias, que se insurgiram! As disposições generosas que pretenderam, por exemplo, no Canadá, fazer com que os muçulmanos fossem julgados pela lei muçulmana, foram vividas como uma regressão, um novo fechamento.[7] Como não ter a mais extrema desconfiança em relação a essa mística da alteridade que se desenvolve hoje em dia paralelamente à do respeito (cuja etimologia significa "olhar à distância"). Pois o outro não é um outro eu-mesmo, este estrangeiro que me é próximo, ele brilha no seu longínquo e inalterável esplendor, ele que não foi conspurcado pela modernidade. No fundo, talvez o multiculturalismo não seja mais do que isto: um *apartheid* legal no qual se ouve de novo o linguajar enternecido dos ricos explicando aos pobres que o dinheiro não traz felicidade: a nós os fardos da liberdade, da invenção de si, da igualdade entre homens e mulheres; a vocês as alegrias da tradição, dos casamentos forçados, do véu, da poligamia, da excisão. Os membros dessas pequenas congregações se tornam então peças de museu, habitantes de uma reserva que queremos preservar das "calamidades" do progresso e da civilização. Certas comunas da Itália cogitam de

---

[7] A província de Ontário no Canadá quis conceder aos tribunais religiosos o direito de decidir sobre os litígios de sucessão e de família. Uma canadense de origem iraniana tomou a frente da contestação para impedir essa imposição da *charia* e permitir a todos os cidadãos, sem distinção de crença ou de sexo, permanecerem sob o regime da lei geral. Na Alemanha, uma antiga juíza constitucional, Jutta Limbach, membro do SPD, propôs a criação de um estatuto de minoria na Constituição alemã, autorizando, por exemplo, as meninas muçulmanas a serem dispensadas da ginástica na escola. A reação veio de duas mulheres alemãs de origem turca, Necla Kelek e Seyran Ates, que chamaram a atenção para os desvios potenciais de tal estatuto, casamento forçado, inferioridade legal da mulher etc.

reservar praias para as mulheres muçulmanas para que elas possam tomar banho protegidas dos olhares masculinos. Parece um retorno aos tempos da segregação no sul dos Estados Unidos. Em outras palavras, é um duplo combate que é preciso empreender: proteger as minorias das discriminações que as atingem (favorecer por exemplo o ensino das línguas e culturas regionais, adaptar o calendário escolar às festas religiosas); e proteger individualmente as pessoas das intimidações que suas comunidades de nascença possam exercer sobre elas.

A vitimização é um bálsamo efêmero, mas é uma humilhação suplementar, uma segunda servidão que se acrescenta à primeira. Nenhum raciocínio poderá contradizer a certeza de um grupo, de uma pessoa, de ser maldito, de se sentir lesado nos seus interesses mais profundos. Pelo menos não se deveria alimentar esse sentimento com uma retórica da comiseração, não abastecer os feridos pela vida com argumentos doloristas que acentuam sua angústia. A França, por exemplo, criou, em abril de 2004, uma secretaria de Estado para as vítimas, com a incumbência de cuidar da "memória das vítimas do passado, das vítimas de hoje mas também das vítimas potenciais", o que abre, convenhamos, um enorme espectro. No dia 30 de dezembro do mesmo ano foi instituída uma "Alta Autoridade de Luta contra as Discriminações e pela Igualdade": ela defende todas as pessoas que sofreram por causa "de origem, sexo, aparência física, sobrenome, orientação sexual, *handicap*, idade, religião, opinião". O risco é visível: criar uma incitação, uma clientela de desafortunados que não se davam conta antes, mas que tais disposições vão estimular. Não se fecham as feridas, criam-se novas. "Eu era infeliz, mas não sabia; foi o governo que me convenceu."

Inauguraremos um dia, entre o Matignon* e o Elysée**, um ministério das Penas do Coração? O poder público é desviado de suas atribuições tradicionais, reduzido ao papel de psicólogo, de assistente social, de consolador dos aflitos.[8] Também é curioso, no Hexágono, o fato de as comunidades da ex-Indochina quase não participarem dessa queixa generalizada e recusarem a postura lacrimosa: muitos, é verdade, vieram para a França para fugir dos regimes comunistas, mas talvez seja também porque vietnamitas, laosianos, cambojanos só contam consigo mesmos e não entram no clima de miserabilidade.

Quando um *rapper*, preocupado em chamar a atenção para "a injustiça sofrida pelos filhos dos malditos", canta: "A França é uma puta, não se esqueça de fodê-la até esgotá-la, como uma vagabunda, é preciso xingá-la, cara" (Monsieur R) ou quando um outro grupo (Ministère Amer) brada: "Que sorte morar na França, pena sua mãe não ter lhe falado nada desta merda de país onde, 24 horas por dia e sete dias por semana, eu tenho vontade de puxar uma arma para cima dessas caras de giz, caras de giz bem situadas que me impedem de falar"; quando o grupo Lunatic proclama: "Quando eu vejo a França de pernas abertas eu a enrabo até o cabo (...) sonho em alojar na cabeça de um tira uma bala de Glock", talvez estejam se aproveitando de um segmento do mercado, mas eles tornam pouco desejável a cidadania francesa. A pro-

* O palácio Matignon é a residência oficial do primeiro-ministro do governo francês. (N.T.)

** O palácio Elysée é sede da Presidência da República e a residência oficial do presidente da República do governo francês. (N.T.)

[8] Ver sobre o assunto Michel Richard, *La République compassionnelle*, Grasset, 2006.

fundidade do desgosto é tamanha, a dimensão da injustiça tão grande que torna a adesão impossível. A sedução pelo insulto é um procedimento tortuoso: rebaixar o objeto pelo qual se quer ser amado, no caso a França, cobrindo-a de invectivas, pode às vezes funcionar com as naturezas masoquistas. Mas toda pessoa normalmente constituída reage aos insultos com a fuga ou com a rejeição. Vamos dizê-lo em dois tempos: quem não gosta dos negros, dos árabes, dos indianos, dos asiáticos, dos judeus, dos homossexuais, das mulheres livres, quem é hostil à diversidade das fisionomias e à pluralidade dos modos de vida, à grande mistura de raças de nossas metrópoles, não deve viver na França. Não deve andar pelas ruas, usar os transportes públicos, ir ao restaurante, ao café. Também não deve viver em Nova York, Londres, Amsterdã, Madri, Roma. Enganou-se de século, para retomar uma célebre expressão de Trotski. Fim da Europa monocromática, majoritariamente branca. Mas quem pensa que a França é uma nação ignóbil na sua história e repugnante em seus ideais, quem a vê como uma simples prestadora de serviços em relação à qual temos todos os direitos e nenhum dever, condena-se a uma dilaceração dolorosa, a uma verdadeira crucificação psicológica, a menos que se expatrie, que procure em outro lugar céus mais clementes. Toda essa juventude francesa, de longínqua origem imigrada, que odeia a França mas não tem nenhum lugar para ir, que assobia, por exemplo, a *Marseillaise* durante jogos de futebol brandindo bandeiras argelinas, mas não vai voltar para a Argélia, faz pensar nessas uniões capengas entre parceiros que se detestam, mas nunca conseguem se deixar, e que coabitam com uma antipatia recíproca. Só podemos convidá-la a tomar uma decisão, a se reconciliar consigo mesma e transformar sua raiva em ação política, em melhora coletiva. Não se pode morar por muito tempo em um país que se despreza, a não ser terminando por desprezar a si mesmo.

PERGUNTAS SOBRE A ESCRAVIDÃO

Não é surpreendente que as primeiras nações que aboliram a escravidão, depois de ter fartamente se aproveitado dela, sejam também as únicas a ser objeto de acusações e pedidos de reparação? Em outras palavras, o crime só é imputado a quem se arrependeu — a Europa e os Estados Unidos, que de resto perderam um milhão de filhos na Guerra de Secessão por esta causa — e só a quem teorizou esse comércio humano como barbárie. A Lei Taubira de 21 de maio de 2002, que apenas define como crime contra a humanidade o tráfico ocidental, reflete essa leitura parcial do fenômeno. Por que o Ocidente é acusado, e apenas ele, quando o mundo oriental e africano, que jamais lamentou publicamente, é exonerado de qualquer incriminação? Porque o primeiro é rico e sensível aos argumentos morais: foi em nome desses argumentos que ele acabou cedendo, primeiro na Inglaterra em 1807, depois na Dinamarca e na França, às razões dos abolicionistas que denunciavam como uma infâmia a redução de uma categoria de homens ao nível de "utensílios animados" (Aristóteles), de bens móveis. (Para refrescar a memória, o primeiro Estado árabe-muçulmano a abolir a escravidão foi a Tunísia em 1846, mas a medida só surtiu efeito a partir da presença francesa em 1881. O Império otomano seguirá esse caminho por volta do final do século XIX. O tráfico só foi declarado ilegal no Iêmen e na Arábia Saudita em 1962 e na Mauritânia, em 1980.) Dizer hoje que existiram três tráficos, o oriental que começou no século VII (17 milhões de cativos segundo as estimativas), o africano que somou o uso doméstico e as redes de exportação (14 milhões de pessoas) e o atlântico que, em um lapso de tempo mais curto, provocou a deportação de aproximadamente 11 milhões de homens, mulheres e crianças é ainda uma espécie de tabu. Todo historiador que se aventura a falar deles corre o risco de ser acusado de revisionismo. Foi o Ocidente e somente ele que desenvolveu a idéia abolicionista antes de disseminá-la na África negra e no Oriente.

Espera-se que o mundo árabe-muçulmano faça seu mea-culpa público por seu papel na "caça às peles negras" e reflita a respeito de seu próprio racismo (em árabe a palavra *abid*, escravo, se tornou, a partir do século VIII, mais ou menos sinônimo de negro).[9] Em 2000, o presidente do Benin (ex-Daomé) desculpou-se publicamente pela participação dos africanos do Oeste no tráfico. Conhecemos o antagonismo que opõe sobre este assunto as populações das Antilhas às da África, suspeitas de tê-las vendido como testemunham numerosas expressões da linguagem corrente. Seria pois perfeitamente legítimo instituir um dia de comemoração da escravatura, uma vez que a humanidade inteira saiu conspurcada dessa ignomínia. Mas esse dia deveria ser também um dia de alegria, uma vez que comemoraria a saída coletiva da humanidade de um de seus mais pavorosos pecados. É igualmente indispensável pretender conhecer melhor as causas, origens e conseqüências desse "infame tráfico". Pelo menos que o conhecimento reconstitua o fenômeno em toda a sua complexidade. Pode-se escolher delirar a respeito da "guerra declarada ao mundo negro" pelas autoridades sionistas (Dieudonné, Conferência em Argel, 16 de fevereiro de 2005)* quando o Código Negro**, em seu artigo 1, proibia explicitamente aos judeus, "inimigos declarados do nome cristão"[10] participar do tráfico e pedia que fossem expulsos das

---

[9] Catherine Coquery Vidrovitch, *Le Postulat de la supériorité blanche*, em Marc Ferro, *Le Livre noir*, op. cit., p. 867.

* Humorista francês que, ao apresentar um espetáculo em Argel, foi acusado de anti-semitismo a partir de uma de suas falas. (N.T.)

** O Code Noir é uma coletânea de artigos promulgados no reinado de Luís XV (1685) que trata da vida dos escravos negros nas colônias francesas. Também recomendava a expulsão de todos os judeus residentes nas colônias. (N.T.)

[10] Louis Sala-Molins, *Le Code Noir ou le calvaire de Canaan*, op. cit., pp. 92-93, e o comentário do autor sobre o artigo 1.

ilhas onde haviam estabelecido residência. Pode-se também preferir a verdade dos fatos em um domínio que, de acordo como o que nos dizem os pesquisadores, continua sendo objeto de descrédito na comunidade de historiadores. Mas então que todos os autores do crime sejam convocados, da Índia às Américas, que o delito se torne conhecido e explicitado em suas ramificações! Querem honrar a memória dos deportados, supliciados de ontem? Continuem o combate dos abolicionistas, lutem para emancipar de suas correntes os 12 a 20 milhões de pessoas subjugadas hoje pelo trabalho forçado e pelo tráfico humano. Como é estranho o mutismo de nossas grandes consciências sobre esse tema espinhoso!

QUAL DEVER DE MEMÓRIA?

Esquece-se, com excessiva freqüência, que a expressão "dever de memória" foi forjada por Primo Levi, chamando os sobreviventes dos campos para testemunhar a fim de superar a incredulidade de seus contemporâneos.[11] Essa injunção se tornou, ao longo dos anos, um verdadeiro culto, intimando cada um a preservar devotamente a lembrança das catástrofes passadas. O respeito devido aos mortos se transformou em moral da vigilância: nossa consciência deve permanecer à espreita para prevenir a qualquer momento o retorno do horror. Mas trata-se de um saber inútil: o dever de memória jamais nos tornou mais lúcidos sobre o mal atual, não impediu nem o Camboja, nem Ruanda nem a Bósnia nem a Chechênia nem o Darfur. Ao contrário, ele pode ensejar um endurecimento paradoxal: se um crime não toma exatamente

---

11 Como menciona Henry Rousso em seu livro de entrevistas com Philippe Petit, *La Hantise du passé*, Textuel, 1998, p. 43.

a forma da Shoah entre 1942 e 1945, nós torcemos o nariz, nós o desqualificamos por não ser genocida. O que deveria nos horrorizar nos deixa imóveis. Prova *a contrario*: historiadores, para nos sensibilizar a respeito dos horrores da escravidão ou da colonização, obrigam-se, ao preço de incríveis contorções, a descrevê-las com o próprio léxico do Holocausto. Só o pavor de ontem nos mobiliza e nos dá o direito de afastar tudo que não é ele.

Mas a lembrança das antigas perseguições serve sobretudo para reabrir as feridas, para intentar um processo sem fim contra o Ocidente. No caso, o que chamamos de "dever de memória" é o mais das vezes a imposição de uma história oficial na qual os papéis são distribuídos antecipadamente, um saber coagulado que se parece com propaganda, que paralisa a pesquisa, bloqueia a investigação. Congela-se então o tempo do imperialismo na eternidade do rancor. Como na tragédia grega, o erro dos pais é transmitido aos filhos interminavelmente, o tributo do pecado não tem fundo, os séculos formam uma longa saga de represálias e de flagelos sangrentos. O dever de memória só é brandido por uns para suscitar o dever de penitência em outros. Exaltam-se menos as virtudes pedagógicas do conhecimento do que as virtudes punitivas da inculpação. *O contrário da memória não é o esquecimento, é a história.* A memória viva tem a ver com fidelidade a si mesmo, ela ordena a identificação com um grupo, ao passo que a história, como ciência crítica, tem a ver com a verdade para todos (Pierre Nora). Ela nos protege do pecado do anacronismo, coloca os acontecimentos numa certa continuidade, nos proíbe de julgar os séculos anteriores do alto do tribunal do presente. A memória intimida, condena, fulmina; a história dessacraliza, explica, detalha. Uma divide, a outra reconcilia. A história amplia o contexto, nos oferece uma compreensão complexa do passado, nos faz contemporâneos de nossos mais longínquos ancestrais. Ela se proíbe ademais de julgar, desencanta a subjetividade das reminiscências, evita "a tirania das crônicas oficiais" (Claude Liauzu). Há algo de muito bonito na idéia das *Mil e uma noites* segundo a qual são as histórias que nos protegem da morte: enquanto Xerazade fala, sua execução está suspensa. Enquanto pudermos pôr o mundo em relatos, mesmo para narrar as piores desgraças, estaremos vivos.

Erigida em instrumento político, a memória será sempre espreitada pelo ressentimento. Como ontem na ex-Iugoslávia, quando os nacionalistas sérvios invocavam as hecatombes passadas para justificar seus excessos, despertam-se os mortos, os torturados, atiram-nos na cara dos vivos e exclamam: vocês não têm o direito de manter a cabeça fria, peçam perdão. Diante dessa lógica, só há canalhas ou santos. Recitar a lista interminável de carnificinas, deportações, assassinatos de que nossos pais teriam se tornado culpados, é abrir um cofre-forte sem fundo onde procurar revanche e virulência, é fazer os contemporâneos pagarem pelos crimes de seus antepassados. *Desenterrar todos os cadáveres é desenterrar todos os ódios, é aplicar a lei de talião a séculos de distância.* Como revela esta diatribe de um professor de filosofia política reclamando reparação pela escravidão:

> *Deve-se reparar tudo que, no crime em questão, é juridicamente ponderável, mensurável, quantificável (...) São quantificáveis as horas e os dias, os meses e os anos, as décadas e os séculos de escravidão. Quantificáveis em terras de escravidão a diferença em número de anos entre a expectativa*

média de vida dos colonos escravagistas de um lado, dos escravos de outro. Ponderável a quantidade de trabalho fornecida pelo escravo, mensurável a parte que resulta do milagre econômico da indústria açucareira e de algumas outras. Em quanto a jornada de trabalho será avaliada? Quantos milhões de escravos (...)? Quantos anos roubados? Tudo isso soma quantos milhões de dias uma vez adicionadas as durações de vida de cada escravo antes de morrer de esgotamento ou sob os golpes ou os castigos mais cruéis (...)? Todos esses dados são quantificáveis. É preciso e basta que os historiadores da economia alimentem com dados seus computadores. Que cuspirão cifras. Cuja monstruosidade das mais altas assustará. Cuja magreza das mais baixas será mesmo assim revoltante (...) Não as esqueçamos. Que o direito se aproprie delas. E que imponha reparação à sua altura sabendo que nem assim se apagará a perversidade desse genocídio utilitarista, sendo que os descendentes atuais e futuros das vítimas conservarão intocados seus direitos (...) de gerir a memória como bem lhes aprouver ou como puderem (...) Quem deve reparar? As nações da cristandade na medida exata das legitimações que se produziram a partir desse comércio e desse lento extermínio genocida.[12]

Comparemos agora com o que escreve Franz Fanon em 1952, numa época em que a descolonização estava longe de ter terminado:

Serão desalienados negros e brancos que tiverem se recusado a se deixar encerrar na Torre substancializada do

[12] Louis Sala-Molins, *Le Code Noir ou le calvaire de Canaan*, PUF reedição, 2005, pp. XI-XII.

> *Passado (...) Eu sou um homem e é todo o passado do mundo que tenho que retomar. Não sou apenas responsável pela revolta de Santo Domingo (...) não quero cantar o passado à custa de meu presente e de meu futuro (...) Pois será que não tenho outra coisa para fazer nesta Terra além de vingar os negros do século XVII? (...) Não tenho o direito, eu, homem de cor, de sonhar com a cristalização, nos brancos, de uma culpa em relação ao passado da minha raça. Não tenho nem o direito nem o dever de exigir reparação por meus ancestrais domesticados. Não existe missão negra; não existe fardo branco. Vou pedir ao homem branco de hoje que seja responsável pelos negreiros do século XVII? (...) eu não sou escravo da escravidão que desumanizou meus pais.*[13]

Há pelo menos dois usos para a memória: uma memória da autoflagelação narcísica que nenhum ressarcimento poderá aplacar porque ela escolheu a si mesma como fim, obliterando toda intenção moral mais alta, e uma memória da mobilização que nos inspira, nos sensibiliza para as injustiças. No primeiro caso, triunfa uma memória armada que procura alvos para sua vingança, reacende as tensões, lança represálias. No segundo, a memória mantém viva a fonte da indignação, estimula nossa alergia à infâmia atual.

Mas a história é feita tanto de lembranças quanto de esquecimentos comuns, ela é a abolição das dívidas de sangue contraídas pelas sociedades humanas entre si. Se tivéssemos que assumir as querelas de nossos predecessores, se todos os povos tivessem que remoer suas queixas respectivas, o mundo estaria a ferro e fogo. É por essa razão que há algo

[13] Franz Fanon, *Peaux noires, masques blancs*, Seuil, 1972, pp. 183 e 186.

de muito profundo nestas palavras de Ernest Renan: "Aquele que deve fazer a história deve esquecer a história." É preciso abandonar a idéia de uma reparação ponto por ponto das feridas passadas: os torturados, os esmagados, os rebaixados não serão vingados, nenhuma compensação financeira os trará de volta à vida.[14] É a verdade histórica que lhes é devida, não uma vontade de punição insaciável por parte de seus descendentes. Não se pode tirar partido da desgraça infinitamente, o tempo das demandas judiciais deve se encerrar ao final de algumas gerações, respeitado o prazo biológico, e dar lugar ao trabalho do pesquisador. Chega um momento em que é preciso deixar os mortos enterrarem os mortos, levar com eles suas dissensões, suas dores. Há sempre um risco em valorizar as feridas em detrimento das ambições comuns. O esquecimento é o que dá lugar aos vivos, aos recém-chegados que desejam apagar as obrigações do passado e não mais carregar o fardo de antigos ressentimentos. Ele é um poder de recomeço para as gerações que chegam.

A melhor vitória sobre os exterminadores, torturadores, negreiros de ontem, é a coexistência, doravante possível, de populações, de etnias que os preconceitos, as mentalidades decretavam no passado incompatíveis, é o acesso dos antigos dominados à categoria de semelhantes, seu engajamento em uma aventura coletiva. Em cada uma de nossas nações, milhões de homens devem aprender a viver juntos com histórias diferentes. Seus ancestrais mataram uns aos outros por motivos que hoje lhes parecem obscuros ou repugnantes.

---

[14] Sabe-se como, em Israel, a questão das reparações alemãs suscitou um debate apaixonado, prova de que o dinheiro, mesmo abundante, não basta para saldar a dívida. Ver a esse respeito Tom Segev, *Le Septième Million*, op. cit.

Eles podem continuar a desconfiar uns dos outros, lado a lado na rivalidade de paixões tristes; ou, ao contrário, superar o espírito de vindita em proveito de uma vontade de coabitação tamanha que, em certos momentos, chegue a ser excepcional. "O que é bom no futebol da França é que as pessoas festejam os jogadores franceses sem cogitar de saber se são pretos ou não. Simplesmente porque eles são franceses" (Lilian Thuram). O ideal seria chegar a uma indiferença em relação à cor, à etnia, à identidade, não ver senão talentos, nomes próprios, forças individuais, seres de exceção e não indivíduos engastados em categorias fixas. Ainda não chegamos lá, o Brasil e os Estados Unidos também não, os dois grandes países multirraciais. Mas eles mostram o caminho. É na ampliação da família humana que é preciso trabalhar, não na santificação das desgraças passadas, sempre degradante para os que a reclamam. Para cumprir essa tarefa, a boa vontade não basta. É preciso toda uma política de amizade, de simpatia benevolente; precisa-se de um milagre.

RETRATO DO AMALDIÇOADO DA TERRA
QUANDO
REBELDE CONSUMIDOR

Vinculam-se em geral as periferias da Europa ocidental a dois grandes relatos: o das classes trabalhadoras e o da descolonização. O desejo seria ver ali a aliança da insurreição operária e do combate antiimperialista. Mas os revoltosos dos conjuntos habitacionais de 2005 na França, mesmo que deserdados, são antes de mais nada filhos da televisão e do supermercado. O que eles reclamam? Como disse um deles: "Grana e umas minas", não a revolução proletária ou a erradicação da pobreza, mas o simples decalque do sonho mercantil. Nascidos franceses, querem agora se tornar um deles, mas se sentem bloqueados por uma vidraça invisível por trás da qual vêem os compatriotas tendo sucesso, trabalhando, se divertindo, sem que eles mesmos sejam convidados para o festim. A cor da pele, mas sobretudo a origem social, o endereço constituem uma fronteira intransponível. Sem escolaridade, sem emprego, assediados pelas forças da ordem, querendo tudo imediatamente, como todos nós nesta sociedade individualista, eles não têm nada a perder, não dispõem de nenhum projeto a não ser despejar o ódio da polícia, tocar fogo em creches, supermercados, escolas, centros de seguro social, bibliotecas, numa atitude suicida que visa a separá-los ainda mais do resto da nação. Eles rivalizam com outros bandos na destruição, no vandalismo, contemplando as fotografias de seus feitos nos celulares, sonhando em aparecer nos jornais televisivos. Sua rebelião é uma forma de integração negativa, um ritual iniciático no qual o combate contra os CRS* toma o lugar de uma revolta adolescente impossível contra um pai ausente ou inexistente. A França que humilhou seus pais agora os ignora, e a raiva deles pode ser também interpretada como um grito de amor contrariado, uma maneira de dizer: nós estamos aqui, nós existimos.

Mas essa raiva manifesta uma verdadeira alergia à cultura operária, pois esses revoltosos imberbes, alguns não têm mais do que 12 ou 13 anos, atacam motoristas de ônibus, de trem, de metrô, saqueiam sistematicamente os equipamentos coletivos, aterrorizam gente humilde e empregados que coabitam com eles nos mesmos blocos, e que vêem se transformar em fumaça seu único instrumento de trabalho, os carros. Incendiar os automóveis não é somente atacar uma mitologia cara ao coração dos franceses, é completar o fechamento, forçar os residentes a nunca sair de seus HLM, manifestar uma recusa da mobilidade. (Mas, estranha timidez, não são queimados os carros nos bairros ricos,

* CRS: Compagnie Républicaine de Sécurité (polícia civil). (N.T.)

como se os desordeiros já tivessem interiorizado a própria exclusão.) Como mencionava a associação Stop la Violence impulsionada pelo Partido Socialista em 1998: "A corja é a morte dos bairros", sua sujeição aos chefões dos bandos, aos traficantes, movimenta toda uma economia criminosa subterrânea (estimada por uma revista estudantil em 90 bilhões de euros anuais). A fúria se torna suspeita quando os exaltados, encapuzados como membros da Inquisição, tocam fogo nos meios de transporte públicos, escorcham, lincham secundaristas ou universitários nas manifestações, batem nos mais fracos, mulheres ou idosos, atiram balas de verdade nos bombeiros e nos policiais, não mostram nenhum remorso, se revestem de um angelismo de revolta. Para os mais furiosos matar não é senão um jogo, e a morte dada ou recebida, um acidente. Se existisse na França um grande partido fascista, seria entre os jovens "*black-blanc-beur*" que ele iria recrutar suas tropas de assalto. Não surpreende que a violência da "*caillera*"*, nome que os próprios bandos se dão, fascine as mídias, o *showbiz* e tantos intelectuais de esquerda. É por sua brutalidade, sua afiliação ao grande banditismo que o Lumpen, "essa escória de indivíduos corrompidos de todas as classes", como já dizia Engels em 1870, dedicado à exploração e ao controle das populações imigradas, seduz sociólogos, atores, cineastas, jornalistas. É o caso de dizer como Hannah Arendt a propósito da ascensão do nazismo: "A alta sociedade se apaixona por seus próprios submundos". São assim as periferias: não um corpo estranho da República, mas o espelho de aumento das paixões francesas, uma reserva de talentos e de energia mas também de barbárie potencial — racismo, anti-semitismo, machismo, homofobia, receptáculo dos piores instintos da plebe. Para sair dessa situação, o dinheiro não resolverá nada sem um amálgama de intransigência e generosidade. Reprimir os delinqüentes mais convictos, mostrar-se fraternal com os outros, arrancá-los do ciclo do fracasso e da violência. Sem o quê a maioria deles será uma geração perdida, oscilando inevitavelmente entre a prisão, as máfias ou os islamistas.

* *Caillera*: na gíria das periferias, o mesmo que *racaille*, ralé. (N.T.)

VII

Depressão no paraíso
A França, sintoma e caricatura da Europa

"Quando um povo não tem mais força ou
vontade de se manter na esfera
do político, não é o fim da política
no mundo. É somente o fim de um povo fraco."

Carl Schmitt

"Nenhuma potência pode destruir
o Espírito de um povo seja por fora, seja
por dentro, se ele mesmo já não
estiver sem vida, se já não tiver definhado."

Hegel, *A razão na história*,
10/18, p. 92

Se há uma nação que encarne até o exagero as doenças da Europa e ainda lhe acrescente outras, mais específicas, essa nação é a França. Não é fácil hoje ser francês, ou seja, herdeiro de um passado glorioso cujas peripécias sublinham por contraste nossa pequenez. A França, que gozava até 1989 de uma sólida vantagem como terceira via entre os Estados Unidos e a URSS, foi a grande perdedora do Oeste, na queda do muro de Berlim. A reunificação da Alemanha com seus 80 milhões de habitantes e sua riqueza despertou nosso complexo de inferioridade, alimentado por três guerras, sendo duas derrotas e meia, se quisermos admitir que o conflito de 1914-1918 sangrou o Hexágono até a última gota. A idéia francesa de civilização, mesmo que perdure nos domínios do luxo e da moda, recua, esporeada pela vitalidade dos modelos anglo-saxão e hispânico, que propõem um outro contrato social, uma outra relação com o Estado e com o mundo. Os franceses, que eram mestres no passado, graças ao general De Gaulle, na arte de se superestimar — o homem do dia 18 de junho* conseguiria nos fazer acreditar

* Famoso discurso proferido em Londres, em 1940, conclamando o povo francês a se juntar a ele e resistir aos alemães. (N.T.)

que éramos um único e grande povo de resistentes — se vêem brutalmente confrontados com a realidade de seu encolhimento, e o toleram mal.

UMA VÍTIMA UNIVERSAL?

Por não ser mais a primeira, a França concluiu que não é nada e se entrega, há cerca de dez anos, ao autodenigrescimento, a um dolorismo de criança mimada. Ela, que antigamente brandia sua língua como idioma natural do gênero humano, não sabe mais senão gemer, remoer, lamber suas chagas, enumerar infinitamente suas desgraças. Em toda parte assola uma exultação sombria de depreciação, como se França rimasse invariavelmente com desesperança. Não são os gritos de ódio de certos *rappers* em relação à República que são preocupantes — o ódio precisa sair, mesmo em música —, é a detestação que a França mostra por si mesma que dá a esses anátemas uma ressonância de verdade. Nós nos desamamos muito mais do que eles nos rejeitam. Um país tão pouco seguro de si é incapaz de entusiasmar sua juventude, quer ela seja de sua cepa ou imigrada. País da Cocanha* povoado por 63 milhões de deprimidos, a França soma o privilégio de ser a nação mais visitada do mundo por causa da sua beleza e uma das maiores consumidoras de psicotrópicos e tranqüilizantes. Como se esta terra que foi no passado o farol do mundo se desse conta repentinamente de que deixou de estabelecer as regras do jogo. Alguma coisa lhe escapou,

* País imaginário onde se viveria sem trabalho nem preocupação, na abundância e na alegria. (N.T.)

ela envelheceu sem se regenerar. Para dizer abertamente, não é mais aqui que as coisas acontecem. Deslocamento do centro de gravidade. A França sufocava no passado dentro de fronteiras estreitas demais, ela sofre doravante de nanismo dentro de um mundo vasto demais.

De quem é a culpa? Dos outros, bem entendido. Tudo que vai mal no nosso país se deve à malignidade das potências estrangeiras, Bruxelas, a globalização, o islã, o imperialismo americano, o que mais? Até os miseráveis são incluídos. E os antigos terceiro-mundistas que outro dia choravam pela sorte da Índia e da China não têm palavras suficientemente duras para fustigar esses ex-amaldiçoados da Terra, que ousam, malditos pobres, emergir da indigência e nos fazer concorrência, até mesmo comprar nossas empresas! Quanto mais nossa envergadura internacional diminui, mais o exterior se torna fonte de inquietação: é dele que vêm como epidemias todos os perigos, deslocalizações, máfias. Abaixo o mundo exterior! A fantasia dominante na arena política e intelectual é a da conspiração: um mesmo pensamento mágico denuncia os autores da conjuração contra a França. Uma palavra sintetiza esse sentimento de pavor, uma palavra que se tornou indecente como fascismo ou pedofilia: o liberalismo. É ele "o pelado, o sarnento, o causador de todos os nossos males" (La Fontaine). O que se entende por este termo é bem misterioso: doutrina de limitação dos poderes, de proteção dos direitos do indivíduo ou apologia do mercado, da livre concorrência? Se existe um pensamento único na França, um idioma universal de base, é a maneira como todos os campos sem exceção e até o chefe de Estado repudiam essa doutrina que, no entanto, foi brilhantemente ilustrada por nós de Montesquieu a Raymond Aron. A aversão é dupla: na herança de 1789, esquece-se a liberdade em proveito do igualitarismo que tem grandes ligações com o despotismo, com o nivelamento de todos por baixo, plebiscitam-se os extremos. Triunfam então, em nome desse imperativo, "a inveja, o ciúme, o ódio impotente" (Stendhal). Isso conduz a extrema esquerda, tratando da questão social, a exigir a punição dos favorecidos em vez da melhoria da sorte de todos. É preciso castigar os ricos: os pobres obterão uma satisfação simbólica. Essa alergia ao liberalismo é, em seguida, dirigida contra os Estados Unidos. São nossos inimigos, simbolicamente entenda-se, mesmo que nossas duas nações jamais tenham guerreado.[1] Permanecemos enfeudados a eles pela execração que lhes votamos. Por que uma relação assim, feita de rivalidade mimética? Porque há dois séculos, a França, assim como a América, sente-se a pátria messiânica por excelência, destinada a difundir por toda parte os valores da civilização. Ser francês é sentir-se sempre mais ou menos investido de uma missão. "A França", dizia Charles Péguy, "não é apenas a filha mais velha da Igreja, ela também tem na laicidade uma espécie de vocação paralela singular, ela é inegavelmente uma espécie de *patronnesse* e testemunha (e com freqüência mártir) da liberdade no mundo." Valéry precisará mais tarde com ironia: "Nossa particularidade, como franceses, é nos acreditarmos universais" — palavras que fazem eco às de Montesquieu: "Eu sou homem necessariamente, e só sou francês por acaso."

---

[1] Em abril de 2003, uma sondagem mostrou que a maioria dos franceses desejava a vitória de Saddam Hussein sobre as forças da coalizão anglo-americana. A agitação diplomática da França durante aqueles meses foi bem além de profissão de fé pacifista, justificada em si mesma.

Essa ambição planetária foi contudo sempre temperada por um reflexo isolacionista, um nacionalismo da contração. Nós já assinalamos: no próprio cerne da apoteose colonial, nos anos 30, o vínculo ao Império sempre foi pouco intenso, apesar do sucesso da Exposição Universal de 1931, e o sentimento popular continuou impermeável à propaganda dos governos. O Ultramar teria sido mais uma questão de Estado ou das elites, em geral de esquerda, não fruto de um entusiasmo cívico maciço.[2] Foi o "partido colonial" que arrastou a França para essa aventura, sendo ele praticamente o único a saber o que ambicionava para a República:[3] os franceses foram imperialistas reticentes, ou indiferentes. Esquecendo-se que seu país por pouco não perdeu a alma na guerra suja da Argélia, os franceses continuam a se sentir mais do que tudo afetados pelos dois conflitos mundiais. Poucos povos resistiriam à provação de uma invasão reiterada três vezes em menos de um século (1870, 1914-1918, 1940-1944): nenhuma família poupada, nenhuma consciência que não tenha sido abalada. De Maupassant a Claude Simon, toda nossa literatura testemunha essa mácula. Enquanto a Inglaterra, por causa de sua geografia, não conhece a corrupção moral de uma ocupação desde o século XI, a França nunca se recuperou desse episódio e continua se vendo no espelho da derrota e da colaboração.

Afirmar, como o historiador Benjamin Stora, que nosso país vibraria de nostalgia colonial e não teria jamais aceitado

---

[2] Cf. Raoul Girardet, op. cit., pp. 197-199. O próprio Marc Ferro menciona "uma opinião pública que se inflama tardiamente para decobrir as virtudes do Império colonial", em *Le Livre noir du colonialisme*, op. cit., p. 855.

[3] Charles-Robert Ageron, *France coloniale ou parti colonial?*, op. cit., pp. 297-298.

a independência dos países do Magreb, é desconhecer a natureza profunda de uma República que vive hoje imersa em um patriotismo de retração (como provou o Não ao plebiscito sobre a Constituição européia em maio de 2005). A rapidez com a que a metrópole, no começo dos anos 60, fez o luto do Império, esquecendo pelo caminho algumas centenas de *harkis* e de *pieds-noirs*, e se voltou para a epopéia européia, prova que a empresa colonial não era provavelmente tão cara ao coração dos franceses como se diz.[4] É certo que há saudade da grandeza passada, alguma nostalgia chauvinista, para ser exato, mas é de uma grandeza abstrata para a qual não estamos dispostos a pagar nada. A fantasia que ocupa a França deste começo do século XXI não é de expansão, é de separação. Engana-se quem a descreve como uma potência que sonha em dominar: é, no máximo, um país desprovido de destino tentando sobreviver. A lembrança das glórias de ontem é acompanhada de uma renúncia integral às mentalidades que as condicionavam. Que surpresa ver, durante o outono de 2005, os revoltosos das periferias defendendo seus bairros contra a intrusão da polícia e dos serviços do Estado do mesmo jeito que a França monta barricadas por trás das fronteiras para se proteger do mundo exterior: mimetismo de sitiados encerrados aqui e lá nos seus vilarejos gauleses. Vejam o problema da imigração: por sua atitude ao mesmo tempo repressiva e permissiva, a República se coloca numa posição de perder em todos os *fronts*. Sua política de vistos,

[4] Sobre o assunto, o historiador Antoine Raybaud chegou a falar de um luto sem trabalho, de uma "arqueologia do esquecimento", *Dédale*, primavera de 1997, "Postcolonialisme", p. 87s.

restritiva e minuciosa, desencoraja as melhores cabeças da África e da Ásia, que se deixam seduzir pelas universidades norte-americanas ou britânicas. No final, acaba acolhendo só os menos qualificados, encarregados das tarefas servis, ingratas, aos quais ela impõe uma guerrilha burocrática e policial sem nobreza. Dupla incoerência que sublinha ao mesmo tempo nossa visão curta e nossa mesquinharia. A França — é seu drama atual — desliga-se da Europa e do mundo como se diz que fazem os velhos ao sentir a morte se aproximar. Se amanhã antilhanos, reunienses, guianenses, comorenses, nova-caledônios, ou mesmo corsos solicitarem, em sua grande maioria, sua independência, pedido de resto legítimo, ninguém iria às ruas para impedir o divórcio. Vale mais se livrar deles, vale mais o sossego do que ter que redefinir elos de associação mais eqüitativos, mais responsáveis com os departamentos e territórios do ultramar.

Talvez a felicidade de existir em nosso país explique essa falta de intrepidez, o fato de haver poucos países onde a arte de viver, a cultura dos prazeres sejam tão desenvolvidos quanto no nosso. Contentes no próprio solo, os franceses, ao menos até os anos 80, pouco emigraram e sentem repugnância pela mobilidade mesmo no interior do território nacional, sentindo-se felizes de ser de uma região, de uma província, de um vilarejo. Cultivar nosso jardim ou nos espalhar pelo planeta, por vezes ao preço de expedições violentas, foi nosso dilema durante séculos. Esse recolhimento é hoje uma imposição que nos ditam nossa dimensão reduzida e nossa perda de influência. É verdade que se vive melhor do que nunca nos países em declínio, quando a vitalidade atenuada de um povo aumenta a doçura de suas tradições. A França se especializou desde Mitterrand — talvez seja a grande herança da esquerda — na produção mundial da recreação: Paris Plages, Fête de la Musique, Nuit Blanche etc., várias versões modernas do "pão e circo". Para satisfazer essa insaciável paixão pela diversão, chega-se até a importar festas estrangeiras, como Halloween e Gay Pride. Lembremos que o líder da Liga Comunista Revolucionária (trotskista), Olivier Besancenot, propôs muito seriamente, em 2003, fundar um grande partido da greve: maravilhosa idéia que permitiria a nossas crianças serem grevistas sem ter jamais trabalhado. A França poderia de resto criar centros de organização de interrupções de trabalho e de manifestações, vendendo serviços para o mundo inteiro, ela que sabe tão bem transformar descontentamento em diversão. Nossa *expertise* nesse domínio é incontestável. Esse *status* de comerciante de lazeres, ligado a nossas competências clássicas no domínio da alta-costura, dos perfumes e dos restaurantes, nos assegura um futuro certo. O culto das férias, transformado aqui em religião nacional, traduz talvez, para além do relaxamento indispensável, a vontade de tirar férias do século, de não ter com o mundo outra relação que não seja a de distração. Mesmo que caísse ainda mais, a França continuaria sendo o que já é em parte: um museu magnífico e um parque turístico sem igual para vilegiaturistas abastados em busca de paisagens minuciosamente trabalhadas, aldeias medievais floridas. Porém, como se contentar com tal destino quando se pretendeu ser durante tantos séculos a mestra do gênero humano?

A PELE DE ONAGRO

De tanto se identificar com o universal, a França se esqueceu que não estava sozinha no universo, que há outras sociedades que não seguem nossas leis, que ignoram nossos costumes e mal sabem que existimos. Basta atravessar as fronteiras para constatar que nosso prestígio recua, roído em toda parte pelo dinamismo anglo-saxão mas também indiano, chinês, brasileiro, árabe, hispânico. Porque só existe pelo verbo, a França se deleita com a própria grandeza no momento em que esta se reduz. Quanto mais ela se provincializa, mais mergulha na veemência patética, no lirismo desenfreado, nas fórmulas ocas: bazófia e palavreado vão. O ministério da palavra, mesmo exibicionista, não substitui a ação. Nunca se evocou tanto nosso resplendor quanto depois que ele se extinguiu. Pequeno país que se crê ainda uma grande potência, a França lembra essas famílias aristocráticas arruinadas que comem em baixela de ouro e são servidas à mesa. Mas o teto goteja, as paredes estão caindo, os pratos estão vazios e do lado de fora os pobres ameaçam.

Se fosse preciso qualificar com poucas palavras o mal francês, eu diria que ele se caracteriza por uma *combinação única de arrogância e ódio de si*. Somamos uma vaidade sem paralelo, ligada às lembranças do Grande Século e da Revolução, com uma falta de autoconfiança que é a síndrome das nações que perdem velocidade. O nosso é o pior dos casos: faltam aos franceses ao mesmo tempo o orgulho de si tão marcante nos Estados Unidos, na Índia ou na China, sem o qual nada de grande se consuma (a América acredita no que diz e diz o que acredita, enquanto nós somos um povo de sarcásticos, eternos adeptos do distanciamento, da metáfora, da ambigüidade), e a curiosidade em relação aos outros, essa paixão por aprender com o estrangeiro, que é um sinal de inteligência e de lucidez. Com essa mentalidade, somos levados a perder nas duas situações: a pretensão nos impede de enriquecer com outras experiências; a dúvida nos paralisa. Um país que vai celebrar ao lado dos ingleses, em 2005, a derrota de Trafalgar, que chega a mandar para lá seu mais belo porta-aviões, mas não ousa comemorar a vitória de Austerlitz, só pode favorecer o surgimento nas pessoas de uma espécie de glorificação malsã do fiasco, o culto do malogro grandioso transformado em triunfo imaginário. Enquanto a América vê no fracasso uma modalidade normal da mudança, uma etapa na construção de si, a França faz dele um veredicto irrefutável. Qualquer bancarrota ou demissão é sentida como imposição do destino, de tão arraigada é a certeza de nunca mais reencontrar trabalho, e de que cada passo em falso é um cutelo a nos barrar o caminho do futuro. Donde a aspiração de 65 a 75% dos jovens interrogados por diversos institutos de opinião, que é a de se tornarem funcionários públicos, tão grande é o medo da precariedade.

Nesse sentido, nossa insurgência contra os Estados Unidos é menos motivada pela divergência de pontos de vista do que pela semelhança dos comportamentos. (É o porquê de nosso antiamericanismo frenético nunca ter impedido a cooperação sobre assuntos essenciais, ao preço, é verdade, de uma certa esquizofrenia.) A França ama e detesta a América, adora detestá-la porque se parece demais com ela, e compartilha, em pequena escala, a maior parte de seus defeitos: mesma fatuidade, mesma presunção de ser "a nação indispensável" (Jean-Pierre Chevènement e Madeleine Albright), mesmo moralismo misturado com cinismo, mas sem os meios do poder nem a energia de nossa prima de além-Atlântico. A França mantém *vis-à-vis* esta última reflexos de imperialismo atormentado. Os americanos têm sucesso onde nós fracassamos e nos obrigam a segui-los, sem fôlego. Nós ainda reproduzimos seus erros quando eles já tentaram uma outra via. E quanto mais adotamos alguns de seus métodos no domínio do trabalho ou do direito, mais recusamos essa ascendência nefasta. Somos incapazes, no momento, de lhes contrapor outra coisa que não sejam troças ou advertências, incapazes de construir um melhor modelo de justiça social, de eficácia econômica ou de coabitação étnica. Que humilhação para os compenetrados republicanos ver empresas, estabelecimentos escolares, cadeias de televisão adotarem sem dizê-lo certos princípios da discriminação positiva ou constatar o surgimento em nosso país da questão negra sob os auspícios de Martin Luther King e do movimento de direitos cívicos. Será preciso admitir que sobre este assunto como sobre outros nossos primos americanos estão mais na frente? É verdade que o Novo Mundo não pode ser um modelo, uma vez que não há nada de comparável a ele. Mas é sintomático do nosso estado de espírito o fato de todos os nossos debates só se desenrolarem em referência a este último (contra o capitalismo de Wall Street, o comunitarismo, a segregação etc.). A França não olha nem na direção do Sul, nem do Norte, nem do Leste: ela tem os olhos fixos no Oeste, voltados para sua vizinha de além-Atlântico, único objeto de seu ressentimento, de sua cobiça.

Liliput exasperante, admoestando a Terra inteira, reconhecendo seus erros tarde demais (vejam o episódio equívoco de Ruanda), a França só aceita a Europa com a condição de que a Europa se torne francesa. Se esta se desvia ou escolhe outros mestres, a França ralha, troveja como um pastor contra suas ovelhas indisciplinadas. Esta raiva, entretanto, não ocorre sem ingenuidade: lembremos que nos anos 60-70 os *campi* dos Estados Unidos foram invadidos pela "French Theory" e os departamentos de filosofia, literatura, sociologia inundados, para o melhor e para o pior, de discursos desconstrucionistas que fustigavam o "falo-logo-centrismo". Eis que, já há uns quinze anos, se produz o inverso: por um movimento de pêndulo que lhe é habitual, a América nos devolve doutrinas nascidas no passado na Europa e que nós abraçamos cegamente porque elas nos chegam com o selo *Made in USA*. Do fim da história ao fim do trabalho, passando pelo choque das civilizações, a França se torna o laboratório infeliz das quimeras norte-americanas que as elites deste país se preservam de traduzir para a realidade. Os mais bravios adversários da República imperial têm uma notável aptidão para copiar os defeitos desta última ao mesmo tempo que escamoteiam suas qualidades.

QUEM SÃO OS REACIONÁRIOS?

Em nosso país, o conservadorismo tem de particular o fato de sempre ser enunciado na linguagem da revolução, uma vez que a extrema esquerda desempenha o papel de supereu da República, chegando até à Presidência (Jacques Chirac deixou-se um tempo seduzir pela taxa Tobin*, concebeu

* Taxação das transações monetárias internacionais, sugerida em 1972, com o objetivo de desestimular a especulação. (N.T.)

uma outra sobre as passagens aéreas e comparou em 2005 as devastações do liberalismo com as do comunismo!). É a ela que se deve prestar contas, é ela também que impede a eclosão de uma verdadeira socialdemocracia tipo Labour inglês ou modelo escandinavo: qualquer um que agir, que legislar, deve se auto-avaliar segundo essa medida ideológica que substituiu a Igreja e as autoridades morais. Todos os subalternos se inclinam diante de sua autoridade doutrinal e elaboram amáveis variações em torno de seus temas fundamentais: nenhum discurso é aceito se não começar por uma sólida condenação do mercado! Essa família política, ela própria dividida, fornece o código que todos devem utilizar, produz o novo chique proletário (mesmo que não tenha muito a ver com a classe operária). Vê-se assim gente que viveu os acontecimentos de maio de 68, cortesãos desgastados, voltando de todos os comprometimentos, de todas as baixezas, para retomar de repente o trabalho e tornar a mergulhar no anticapitalismo da juventude: radicalismo da andropausa. Na classe média, o "bobolchevismo" prospera em toda parte. Não há nenhum artista, jornalista ou ator que não se pretenda subversivo, sobretudo se for subvencionado. Não há notável do Partido Socialista que não sonhe em cantar, em encerramento de congresso, *A Internacional*, com o punho fechado. Antigamente o rebelde era um homem do povo que queria impressionar o burguês; agora é um burguês que quer impressionar o povo. Todos os combatentes do imobilismo, que lutam unicamente para "preservar os interesses adquiridos", devem adotar o discurso do movimento, a ponto de o esquerdismo ter se tornado a doença senil do socialismo. Esse novo passadismo, revestido do linguajar dos *sans-culottes**, é bastante desconcertante à primeira vista uma vez que sobrepõe *slogans* revolucionários e reivindicações corporativistas. Manifesta sobretudo um mesmo terror diante da marcha do tempo e das transformações do mundo. Encontram-se doravante tantos anarquistas dentro do partido da ordem quanto conservadores dentro do partido do progresso. (Na França, são qualificados de reacionários os intelectuais que continuam a levar o Iluminismo a sério, que lembram a esquerda de seus deveres e que não se sentem desobrigados em relação ao mundo apenas com algumas diatribes contra as águas geladas das finanças.) Por trás de um enfrentamento de fachada, dois conservadorismos, de direita e de esquerda, há muito tempo fizeram uma coalizão no Hexágono para frear qualquer reforma mais profunda. É isto a França contemporânea: servil e revoltada, indócil e obsequiosa, tudo pedindo ao governo transformado em enfermeiro, em *mater-dolorosa*, encarregado de tratar de nossas feridas, árbitro caridoso que deve nos preservar do desconhecido. Como resultado da Revolução de 1789 que suprimiu os órgãos intermediários e deixou o indivíduo sozinho diante do Estado, não há categoria que não dependa dele, mas sempre fustigando-o, não há *lobby* que não peça sua intercessão e que não esteja engajado em uma relação adolescente de rebelião/submissão em relação aos poderes. Mas há uma mesma alergia ao *statu quo* que estimula numerosos franceses a desejar, em todos os campos, a ruptura.

---

* *Sans-culottes*: como eram chamados os republicanos mais ardentes durante a Revolução Francesa (os homens do povo usavam calças, a *culotte* era própria dos aristocratas). (N.T.)

Mesmo a extrema esquerda, que ainda sonha com a grande noite e apóia qualquer ditadura contanto que ela seja anticapitalista e antiamericana, não é mais do que um sindicato de recriminadores. Vejam por exemplo a reação unânime, em junho de 2005, à proposição de Jean-Pierre Raffarin, então primeiro-ministro, de transformar a segunda-feira de Pentecostes, feriado, em dia útil, a fim de destinar as receitas à melhoria da vida da terceira idade. Proposta talvez desajeitada: pouco importa. Na mesma hora a França se levantou como um só homem, gritando "Não toquem no meu feriado", alusão ao famoso "Não toquem no meu amigo" do SOS Racismo. Só que, neste caso, não havia mais preocupação com a alteridade, com o oprimido: apenas se entoava o grito balzaquiano do comerciantezinho agarrado a seus ínfimos privilégios. A mesquinharia se vestiu com os trajes da insurreição. Tal é a nova língua francesa: o egoísmo adota o vocabulário da filantropia. Conversão milagrosa do cada um por si em altruísmo. O sentido manifesto deve ser entendido ao contrário do sentido real. Quando os franceses lançam um apelo à sublevação, é preciso entender um elogio à ordem estabelecida, um ódio à mudança. E, pelo fato de a esquerda, desde 1945, exercer sobre o país seu domínio cultural, estabelecendo as proibições semânticas, impondo suas maneiras de pensar, quem quiser emitir uma opinião dissidente deve jurar obediência aos valores dela. Declare-se de esquerda, tudo lhe será consentido. Declare-se de direita, nada lhe será consentido. Tanto é que apenas a esquerda, estranhamente, pode empreender reformas importantes, beneficiando-se de uma tolerância proibida ao outro campo. Precisamos meditar sobre um paradoxo espantoso: a França não entra no capitalismo mundial senão sob o ângulo da negação, através do uso desregrado de anátemas que seria errado tomar ao pé da letra. Quanto mais ela se aferra contra a livre empresa, vitupera "a malta estridente e carnívora" dos patrões (Ruskin), mais ela se liberaliza. Sob o abrigo de um discurso sem concessões, foram os socialistas que mais privatizaram a economia. Precisamos dessa camuflagem lingüística, desses véus retóricos para aceitar o inaceitável: a franqueza nos horroriza.

Obcecada pela grandeza perdida, a França só se julga em função de um ideal que ela mesma forjou, e não pela realidade à sua volta. Prefere se confrontar com uma utopia solitária a se confrontar com os Estados, com as populações que bordejam suas fronteiras. Contraditoriamente, ela gostaria de fazer a história sem se envolver nela, gozar do duplo *status* de espectadora desengajada e dispensadora de lições. A classe política precisa, pois (vejam De Gaulle em 1958, Mitterrand em 1981), começar mentindo aos franceses, ou seja, tranqüilizá-los, dizer o que eles querem escutar, mesmo que depois tenha que mudar de orientação: esse grande povo ama suas fábulas, é alérgico à verdade pura e simples, totalmente nua. O dia em que a aceitar será o começo da verdadeira mudança.

O TRIUNFO DO MEDO

Na maior parte dos domínios, a França só conhece as palavras de ordem de prudência, preservação, precaução. Uma parte grande da *intelligentsia* rivaliza na recusa do progresso, no ódio da modernidade, nas predições alarmistas. A jeremiada se tornou o denominador comum das elites. Ao contrário dos norte-americanos, que desejam permanentemente colonizar o território sempre fugidio do futuro, nós parecemos ter perdido toda confiança nos poderes do tempo, culpado em princípio de abalar as posições adquiridas. Qualquer inovação — transgênicos, células-tronco, nanotecnologias — é acolhida com suspeita como se estivesse marcada com um selo diabólico. As manifestações contra a reforma das aposentadorias em 2003 ou o Contrato do Primeiro Emprego em 2006 o provaram, são os jovens, os estudantes, que estão de agora em diante na vanguarda do partido do medo: uma geração inteira gostaria de começar a existência com um emprego e uma aposentadoria garantidos! Os franceses têm medo do mundo, medo dos outros e ainda mais medo do próprio medo. E eles aumentam o medo ao querer expulsar o risco, "a possibilidade de incorrer em um mal, com a esperança, se escaparmos dele, de obter um bem" (Condillac). É um temor sem causa e desproporcional em relação às ameaças reais, mas que nasce de um sentimento de desapossamento, de uma incapacidade de dominar um universo excessivamente complexo. Nós manifestamos, em relação à adversidade, uma alergia que exacerba nossa fraqueza. O medo ganha quando a hipótese mais apavorante toma a frente do acontecimento e adquire uma consistência mais forte do que a realidade. "O medo é insensato" dizia Kant, "ele teme até as coisas das quais espera socorro." Catastrofismo espontâneo: uma infelicidade possível é imediatamente pensada como inevitável e portanto praticamente consumada. Nós passamos a nos escandalizar com verões quentes e invernos frios: o céu nos deve um clima temperado sob pena de processos penais! Escarnecemos da imperícia americana diante do furacão Katrina em setembro de 2005, mas a elevação da temperatura em alguns graus no mês de agosto de 2003 foi vivida aqui como um apocalipse e fez quinze mil vítimas entre os idosos: "A batalha da canícula", era o título de um jornal da tarde de setembro do mesmo ano, como se o calor estival fosse o equivalente a Verdun ou a Stalingrado. Desde a tempestade de dezembro de 1999, que destruiu uma parte do parque florestal francês, os jardins e as praças de nossas cidades, mesmo os mais ínfimos, decorados com um só banco, uns poucos metros quadrados de grama e um tronco débil, são fechados ao primeiro floco de neve ou aviso de borrasca. Impossível para as crianças irem até lá fazer uma guerra de bolas de neve: a lei é formal. O cidadão tem que ser protegido à força! Mas querer eliminar as dificuldades a qualquer preço é sonhar do berço à tumba com a segurança de um rentista. O que faríamos nós se estivéssemos, como os países da Ásia do Sul, sujeitos a monções anuais ou, como os da América Central, a tufões, ciclones? Em compensação, quando os governantes adotam sólidas medidas para prevenir uma epidemia, nós os acusamos de semear o pânico, de pôr em risco esta ou aquela profissão. Demanda contraditória do cidadão francês: o Estado lhe deve ao mesmo tempo proteção e discrição. Ser uma mão constantemente pronta para o socorro e uma mão invisível que não constranja em nada minha liberdade. Cuide de mim, deixe-me em paz!

METAMORFOSE OU DECLÍNIO?

Existe entre os modernos um fascínio pelo tema do declínio, simples inversão do progressismo, que seduz ao mesmo tempo os *experts* e os moralistas. Com efeito, ele reintroduz os prestígios do inelutável na livre práxis dos homens.

Qualquer um que acalente a idéia de declínio se vê como uma inteligência superior que captou o processo oculto da história. Anunciar com grande reforço de estatísticas a decadência de um império coloca você como profeta. Para o país ou a cultura em questão, a notícia não é forçosamente negativa: cair é mais nobre do que vegetar, é a prova de que se estava muito em cima. O barulho que se faz ao cair deve repercutir nos quatro cantos da Terra. Há um charme na decadência, sobretudo quando o cataclismo é lento e mistura distinção e melancolia. Só as grandes famílias se extinguem com beleza, no esplendor de uma luz que vai se apagando, os plebeus morrem sem graça. De resto, quem notara a existência deles? Assim, a França não pode expirar como qualquer outra nação, ela deve teatralizar sua queda, advertir o mundo inteiro de sua agonia com uma ênfase ainda decorrente de sua pretensão. Ela convoca o mundo inteiro para seus funerais. O fim deve ser majestoso e digno do passado. Mas, apesar de tantos comunicados já publicados, a moribunda se encontra bem vigorosa. O desmoronamento de uma nação adquire raramente o aspecto da queda de Roma ou do comunismo. As democracias têm, particularmente, recursos de sobrevida insuspeitados, pela simples razão de serem plurais e desafiarem a previsão do sociólogo, do demógrafo, do antropólogo. Por definição, nossos regimes só exibem os defeitos e subtraem as qualidades aos olhos do observador superficial: é fácil captá-los, é menos fácil discernir as forças que anunciam a renovação. Nada permite saber se a crise atual é o sinal de uma degradação ou o prelúdio de uma metamorfose que mal entrevemos. Pois existe um milagre francês: afligido por uma dívida vertiginosa, por um desemprego estrutural, por um sindicalismo enfraquecido, por um serviço público generoso, porém em crise, um Estado simultaneamente obeso e impotente, elites políticas desqualificadas, sistema educativo em pleno fracasso, sofrendo de uma fuga de cérebros e diplomados, este país deveria ter soçobrado há muito tempo. Mas, mesmo rachando por todo lado, ele se mantém, conseguiu concluir importantes reformas, possui um excelente sistema de proteção da família, uma medicina de alto nível, conta com empresas que estão entre as mais dinâmicas do globo e se dá até ao luxo de exibir a taxa de crescimento demográfico mais alta da Europa ocidental. É próprio de uma nação viva tropeçar, às vezes comer poeira, mas se reerguer engrandecida. A identidade francesa não será defendida se a protegermos mais ainda, mas só se for confrontada com a largueza, se a audácia for preferida à ruminação. A identidade não é um fechamento, e sim um ponto de partida que permite dar seguimento ao passado, inflecti-lo. Ela está sempre em reconstrução, e um povo, se não quiser se enterrar dentro de seu próprio mausoléu, deve saber romper com seus costumes, pisoteá-los para recuperar energia. A França, se não quiser se tornar motivo de chacota universal, tem que se expor, se engajar mais ainda. A concorrência com os Estados Unidos assim como com novas nações emergentes constitui uma emulação, não uma afronta; um desafio, não uma derrota. Sintoma da Europa, a França poderia ser também o lugar onde a Europa cura lentamente suas patologias, se inventa de outra maneira. "Onde cresce o perigo, cresce também a força do que salva" (Hölderlin). Definitivamente, o pior dos complôs que nos espreita seria a indiferença: não suscitar nos outros nem suficiente interesse nem suficiente cólera para justificar sua hostilidade. Nós não temos escolha: temos que nos atirar na confusão ou perecer.

A EUROPA SEM FRONTEIRAS

Toda ou parte da desgraça da Europa advém não do excesso mas da ausência de fronteiras, sobretudo na sua parte central e oriental, quando as mesmas regiões foram, umas depois das outras, alemãs, polonesas, russas, ucranianas, austro-húngaras, as populações deslocadas, os nomes mudados, as administrações modificadas. Proteger os pequenos Estados da cobiça dos grandes, garanti-los dentro de seus contornos, tal foi o gesto inaugural da Europa moderna. Uma fronteira não é apenas uma linha que delimita, é uma ferida que sangra, pela qual nós nos batemos. Algumas cicatrizam, outras reabrem em outro lugar. Traçar uma fronteira é enterrar um combate: o antigo inimigo se torna aliado, o estrangeiro um vizinho. As bordas se aquietam, os perigos são domesticados. Toda fronteira carrega consigo a utopia de sua abolição: muitos vêem na Europa de hoje uma promessa aberta sobre o mundo inteiro, uma "noção civilizacional" (Edgar Morin) que seria retrógrado identificar com Roma, Atenas ou Jerusalém. "Não reunimos Estados, reunimos seres humanos", dizia Jean Monnet com um senso muito francês de abstração.

Mas Ceuta e Melila, no Marrocos, Lampedusa na Itália, as Canárias na Espanha, lugares limites de todos os imigrados africanos, nos lembram que a Europa não é o mundo, nem mesmo uma segunda ONU, e que ela se fecha aos que batem às suas portas. Claro, ela sempre considerou seus confins móveis. Ela erodiu o sentimento nacional sem contudo substituí-lo até o momento por um sentimento federal ou supranacional, limitou a soberania dos Estados sem transferi-la a uma instância superior. Assim, a forma européia é uma forma fragmentada, desmembrada, cujas partes se agregam umas às outras numa simples colagem. Não foi a Europa que matou as nações, as nações é que se esgotaram em tantos enfrentamentos que, para sobreviver, tiveram que construir a Europa. Despojadas de suas pretensões à verdade única, não sabem mais quem são, e o alargamento acentua o sentimento de flutuação paradoxal, a incerteza nascida do excesso de abertura.

Nós passamos do confinamento nacional ao medo do grande largo. A Europa morre do seu sucesso: todos querem ter acesso a ela no momento em que ela duvida de sua missão. A velha dama ainda apresenta bom número de atrativos para ser tão cortejada. "A única fronteira traçada pela União Européia é a da democracia e dos direitos humanos" (Preâmbulo da Declaração de Laeken, novembro de 2001). A esse título, deveriam entrar na União a Índia, a África do Sul, o Senegal, Gana, o Canadá, a Austrália, a Nova Zelândia, os Estados Unidos, o Japão, a Coréia do Sul, uma boa parte da América Latina... Sonho de uma ordem cosmopolita que incorporaria pouco a pouco o conjunto do planeta.

Timorato e bulímico, o Velho Mundo se arrisca como Roma a morrer de obesidade, ectoplasma a inchar na medida de sua inconsistência. Mistura resignação política e esperança infantil de poder englobar milhões de homens suplementares sem problemas. Mas a fronteira não é somente limite ou obstáculo, ela é condição do exercício democrático, ela instaura um elo durável entre os que abriga e dá o sentimento de um mundo comum. Separa tanto quanto junta, é a porta que fecha tanto quanto a passarela que liga, permanecendo aberta sobre aquilo de que ela nos separa. O verdadeiro progresso do pensamento, assim como da política, é deslocar as barreiras, não aboli-las. É preciso ser domiciliado para se abrir ao exterior, e é bom que as nações sejam separadas para existir. A Europa deve ter fronteiras dentro das quais se reúna a fim de se irradiar para fora de suas fronteiras. Deve ter a coragem de dizer que hoje está lotada, de renunciar à vertigem do ilimitado: a apropriação de novos territórios, esse imperialismo por capilaridade, só pode lhe ser fatal. Ela pode encorajar os reagrupamentos regionais no Magreb, no Oriente Próximo, na África subsaariana, na América Latina, na Ásia Central, mas não assumi-los. Estabelecer uma fronteira não é ato de hostilidade, mas vontade de companheirismo. É preciso distanciamento para comunicar, o excesso de proximidade confunde a vista. Ignorar a geografia é se condenar ao desaparecimento. Para dizer de outra maneira, não se tem história sem geografia.

VIII

A dúvida e a fé
A querela Europa-Estados Unidos

*"Yankees, go home... but take me with you"**

"Todas as vezes que meu pensamento se torna excessivamente negro e eu me desespero com a Europa, só recupero alguma esperança ao pensar no Novo Mundo."

Paul Valéry, 1931

* Ianques, voltem para casa... mas me levem com vocês.

Um jovem milionário do Oeste americano, Christopher Newman, que fez brilhante fortuna nos negócios, desembarca na França como um Cristóvão Colombo ao contrário, curioso a respeito do antigo mundo e seus costumes. Tão desajeitado quanto leal, apaixona-se fulminantemente por uma jovem aristocrata cujas mãos o fascinam. Ele lhe faz a corte com simplicidade, descreve ingenuamente todo o dinheiro de que ela poderá dispor se vier a se casar com ele, nada dissimula sobre suas intenções ou sobre seu caráter. "Eu acredito sinceramente não ter vício escondido ou hábitos suspeitos. Sou bom, realmente bom. Tudo que um homem pode dar a uma mulher, eu oferecerei a você."[1] Seu pedido de casamento é aceito e ele espera, confiante nas virtudes da palavra dada. Essa candura lhe é fatal e ele verá suas esperanças enganadas em um desfecho de raro negrume em que sua nobreza será posta à prova rudemente por seres falsos e mentirosos.

[1] Henry James, *L'Américain*, 1877, p. 145. Liana Levi, col. "Piccolo", 1994 para a tradução francesa.

O SER OU O TER

A inocência e a sofisticação, a franqueza e a duplicidade, a puerilidade e a velhice, a simplicidade e o refinamento, todos esses clichês que opõem a América e a Europa têm vida longa: um clichê é um pedaço de verdade que sobrevive mesmo depois que deixou de ser verdade. Podemos nos perguntar se, nesse começo do século XXI, a oposição cardeal entre as duas metades do mundo ocidental não seria mais da ordem da dúvida e da fé, do desencantamento e da esperança. Pergunta fundamental: por que a América, a despeito de seus crimes, escapa da culpa, que é a regra entre nós, e renasce de seus erros como uma fênix? Ela não conheceu as "monstruosas orgias do ódio" (Paul Claudel) que caracterizam a história da Europa, não viveu nem Verdun nem Auschwitz, não foi ocupada, devastada, aviltada durante séculos e, a despeito de Hiroshima, manteve intactos os fundamentos que a constituem. Contrapõe-se com freqüência uma América religiosa até a carolice a uma Europa agnóstica, que viveria em um límpido horizonte de imanência. Mas a fé da América é antes de mais nada a fé *na* América, a certeza de estar construindo uma nova Jerusalém, de ter sido eleita pelo Céu para salvar o mundo. No além-Atlântico, a religião é antes de mais nada plural, as congregações se contam às centenas e acompanham o destino da democracia. Nada de comparável com o monopólio confessional que Roma conseguiu exercer sobre uma parte do Velho Mundo: a Europa moderna se construiu contra a Igreja, os Estados Unidos com as igrejas. O Deus americano é um deus eclético feito de todas as nações que compõem essa República, uma entidade benevolente, atenta ao sucesso e ao bem-estar de seus fiéis.

O Velho e o Novo Mundo encarnam duas concepções divergentes do Iluminismo; ceticismo e arte de viver de um lado, otimismo e religiosidade do outro. Quando a Europa combina o idealismo das relações internacionais com o pessimismo da mudança, a América mistura uma visão trágica da humanidade ("o Eixo do mal") com a certeza de sua melhoria. Irenismo aqui, realismo lá. A primeira posição corre sempre o risco de cair no imobilismo, a segunda no aventurismo. Nobre preocupação de transformar o lobo em cordeiro, de um lado, tentação de reduzir a complexidade das questões apenas à política do "Big Stick", do grande bastão, do outro. A Europa, farta de mentiras, de matanças, de deportações, sonha ainda com uma utopia de contágio feliz que converta seus adversários em parceiros: se nós formos afáveis com eles, eles se tornarão afáveis conosco. A América, em compensação, é uma potência capaz de designar um inimigo simplesmente exagerando sua ameaça. Sejamos honestos: essas linhas de fratura separam as opiniões públicas de ambos os lados do Atlântico. Quando os Estados Unidos conhecem crises graves, como na época do Vietnã ou do Iraque hoje, purgam-nas com uma catarse coletiva, zombando de seus erros, expelindo seus maus gênios. Mas eles não conhecem as vagas de autodepreciação que na Europa afligem uma sociedade inteira, afetando permanentemente seu humor. A má consciência, na América, é setorializada, restringe-se a certos *campi*, à esquerda do Partido Democrata: enquanto os republicanos celebram a grandeza de seu país e se propõem a lutar contra seus detratores, aqueles sugerem medidas sociais (mas, por que a preocupação com a distribuição das riquezas seria incompatível com a preocupação com a grandeza, por que não haveria uma esquerda patriota e intervencionista?). As contorções risíveis do politicamente correto, todo esse gongorismo verbal dos grupos identitários, que esterilizou a pesquisa sem melhorar concretamente a condição das minorias, jamais tocou o coração do sentimento nacional nem principalmente a cúpula do Estado. Em suma: a Europa só oferece razões para acreditar em meio à dúvida, e a América só oferece razões para duvidar em meio a uma fé mais ampla que as integre e as absorva.

O charme e a sorte da Europa residem no fato de ela nunca ter aderido inteiramente ao capitalismo, de ter escapado em parte à crueza ofensiva do dinheiro, à lógica do cálculo, à vulgaridade do lucro-rei, de ainda ser chegada a costumes insólitos, civilidades fora de moda, solidariedades antigas que formam um caleidoscópio encantador. Para retomar uma fórmula de Henry James, ela nunca se desfez dos restos de seu esplendor. Mas a ironia da Europa, bastião do socialismo e do marxismo, é não oferecer de si própria nada além de uma definição social e mercantilista. Seus políticos são antes de tudo caixeiros-viajantes que a perspectiva de contratos substanciosos torna estranhamente mudos sobre o capítulo dos direitos fundamentais (vejam suas reverências diante do autocrata Putin por um pouco de gás e de petróleo). O verdadeiro pai espiritual do Velho Mundo é menos Immanuel Kant ou Jean Monnet do que Adam Smith, teórico da riqueza das nações, imbuído da certeza, revolucionária no seu tempo, de que a abundância material seria o meio mais eficaz de domesticar as paixões humanas e civilizar o mundo. Diversão pacificadora que transforma o bárbaro em comerciante ou, o que vem a dar no mesmo, em contestador da mercadoria. (Nossos defensores da alterglobalização e outros antiutilitaristas mantêm-se na dependência de um etos mercantil que os obceca e do qual não conseguem se livrar. Seu anticapitalismo é o sintoma de sua lealdade ao mercado, para o qual transferem toda a sua revolta, sua energia. Fazem pensar em ateus que blasfemam contra Deus para melhor ressuscitá-lo.) Como não sorrir quando um sociólogo americano nos explica doutamente que "o novo sonho europeu não se concentra mais no aumento das riquezas e sim na elevação do espírito humano"? (Jeremy Rifkin.) A Europa teria, pois, se tornado a pátria do ser quando a América e a Ásia seriam as da rapacidade, da acumulação sem fim! Digamos mais precisamente que a Europa ocidental parece ter perdido o que os Estados Unidos souberam conservar: um equilíbrio precário entre o gosto pelo enriquecimento e o ideal de liberdade, entre interesses privados e valores coletivos. A América do Norte combina o capitalismo mais agressivo, a cupidez mais insaciável com os contrapesos espirituais e políticos, a começar pelo patriotismo, que nós esquecemos. A debilidade moral do Velho Mundo, ao menos no Oeste, é feita de uma mistura de remorso e conforto, um reforçando o outro, a postura do culpado submetida ao domínio do consumidor integral. Manter viva a tensão entre o ter e o ser é o que nós não conseguimos mais fazer, ao passo que a América, embora tenha sido descrita muitas vezes como "um pesadelo climatizado" (Henry Miller), permaneceu, bem ou mal, uma pátria mística, um "princípio espiritual", como dizia Renan sobre essa nação. Ela ainda evolui no sagrado quando nós evoluímos no universo profano do poder de compra, do nível de vida, da pequena felicidade privada (tendo, como pano de fundo, o álibi chique da grande cultura). A Europa tem uma questão perseverante com sua identidade, suas fronteiras, sua função, tem em seu cerne um enigma incompreensível. Enquanto a América se afirma, a Europa se interroga. Uma diz: Eu quero; a outra: Quem sou eu? A Europa se tornou o receptáculo de todas as utopias da modernidade: incitam-na a inventar outras regras do jogo, a contribuir por exemplo para a desocidentalização do mundo (Raymond Panikkar), a reencontrar a pobreza geradora de vida cultural (George Steiner), a encorajar a elevação da espécie humana (Jeremy Rifkin), a instaurar o reino do espírito (Gianni Vattimo), a se fazer refém do mundo, dar fim à injustiça, cobrir o fosso Norte-Sul etc. Mas essa retórica dos grandes desígnios, esse lirismo do vago são pagos com o sacrifício de sua constituição em sujeito político. Escolhemos o impossível, o inimaginável, o maravilhoso porque perdemos o sentido do possível. Autismo esplêndido da utopia que se encerra dentro de sua própria concha.

OS CRIADORES DE HISTÓRIA

Em fevereiro de 2005, a secretária de Estado da administração Bush, Condoleezza Rice, veio a Paris para sancionar o reaquecimento das relações entre a Casa Branca e o Elysée após a crise iraquiana. Falando no Instituto de Estudos Políticos, em pleno Saint-Germain-des-Prés, ela evocou a missão das democracias, que é de difundir a liberdade e derrubar tiranias: "Nós sabemos", disse ela, "que devemos encarar o mundo tal como ele é, mas não devemos aceitar o mundo tal como ele é." A imprensa francesa se surpreende, fala de exaltação, de extremismo. Estranha amnésia: pois, com aquelas simples palavras, a secretária de Estado lembrava aos franceses, que a haviam esquecido, a mensagem da Revolução de 1789. Nesse sentido, a América, apesar de a condenarmos permanentemente, continua defendendo o tesouro democrático que nós recalcamos ou relativizamos. Temos raiva dela por ter crescido às custas do nosso encolhimento, mas sobretudo por promover, freqüentemente de forma brutal e cínica, valores que nós murmuramos com o canto da boca por não acreditarmos mais neles. Nós a amamos pelas razões erradas (sua violência, seu descomedimento), mas a detestamos pelo seu lado bom, por nos lembrar de nossa missão e por ter se tornado a pátria da democracia vencedora. Em seus piores momentos, a Europa busca a paz a qualquer preço, mesmo a paz ruim, para falar como santo Tomás, a que consagra a injustiça, a arbitrariedade, o terror, a paz detestável, carregada de conseqüências funestas. Postula a liberdade para todos, mas se contenta com o reinado dela só para si. *A Europa tem uma história, mas a América é a história*, ainda animada por uma tensão escatológica na direção do futuro. Nesse sentido, ela é a última grande nação política do Ocidente, a única capaz de "decidir uma situação excepcional" (Carl Schmitt), de se elevar acima de seus interesses imediatos para defender sua concepção de liberdade. A América geralmente começa cometendo erros, por vezes criminosos, para depois corrigi-los. A Europa não comete nenhum erro porque não tenta nada. Para ela, a prudência não é mais a arte de se movimentar em meio a uma história incerta como definiam os Antigos, mas o supremo objetivo da ação política. A América é detestada porque tem importância. A Europa é preferida porque não representa nem ameaça e nem está em jogo. A repulsa constitui uma homenagem indireta, a afabilidade um quase desprezo.

Para o Velho Mundo que se crê entrado na era pós-nacional e pós-histórica,[2] o crime maior dos Estados Unidos, e em menor grau de Israel, é o de ser criador de história no duplo sentido do termo (como se diz criador de casos), ainda enredados na dramaturgia sangrenta da qual nós saímos com grande dificuldade. "Eles ainda estão nessa!", exclamamos ao ver os GI atolados no Iraque ou os recrutas da Tsahal manobrando seus tanques no meio das crianças palestinas. Por causa deles, o velho cortejo de massacres e vinganças corre o risco de recomeçar. Sua loucura guerreira nos põe em perigo; e, aliás, o islamismo não é uma criação americana, um Frankenstein escapado das mãos de seus padrinhos ianques? Estes últimos nada mais são do que propagadores de catástrofes. Velhas nações, todas costuradas com cicatrizes e ainda machucadas pelos próprios desregramentos de ontem, admoestam a jovem superpotência americana, suplicando-lhe que mantenha a cabeça fria, que renuncie à guerra, ao expansionismo. Nós somos a sabedoria do mundo, ela é a insânia. Como explicava Dominique de Villepin, então

---

[2] Para Jeremy Rifkin, que o aplaude, o fervor patriótico dos americanos não arrefece, ao contrário da Europa, onde ele não pára de declinar acompanhado da queda do orgulho nacional. O autor detecta no orgulho americano um arcaísmo inquietante: "Numa época em que as fidelidades nacionais perdem peso na definição das identidades individuais e coletivas, nosso apego apaixonado ao modelo convencional de Estado-Nação nos coloca decididamente no campo da geopolítica tradicional e não nos coloca claramente na vanguarda de uma nova consciência global." Jeremy Rifkin, *Le Rêve européen*, Fayard, 2005, pp. 36-37.

ministro das Relações Exteriores, no dia 23 de março de 2003, a propósito do Iraque: "A Europa e a França adquiriram um tempo à frente em relação aos outros países. Nós voltamos de várias guerras, de provações e de barbárie das quais tiramos lições." Mas, para que o poder de contaminação da Europa se exerça sobre o estrangeiro próximo, é preciso que a zona tenha sido previamente pacificada, que os regimes tenham desistido de resolver seus litígios pelas armas e aprovado a brandura democrática. A Europa — é sua mentalidade própria — absorve o mundo por nações inteiras, ao passo que a América integra por comunidades, latinos, chineses, haitianos, coreanos etc. Mesmo projeto, aqui e lá, de neutralizar o mal e a violência por intermédio de contratos, de imposições, de promessas. Mas, para que essa conversão de uma "alteridade hostil" (Jean-Louis Bourlanges) ocorra, é preciso que uma potência dissuasiva mantenha à distância os ditadores, os delinqüentes, os agaloados ávidos de briga. Precisa-se de um xerife de confiança, não de exércitos de opereta. Pelo fato de a ameaça militar da OTAN na Europa ser sólida é que algumas revoluções democráticas, da Ucrânia, da Geórgia, se tornaram possíveis, apesar da hostilidade de Moscou. Sem essa força fiscalizadora, o poder de propagação virtuosa da União, que conduz os vizinhos ao ciclo de prosperidade e de justiça, teria poucas chances de sucesso. A paz perpétua à qual aspira a Europa não tem sua origem na Europa, mas nos Estados Unidos.[3]

---

[3] Talvez seja esse o tipo de irritação e fascínio exercido por Israel sobre um europeu. Estado pioneiro, fadado à morte por seus vizinhos desde o nascimento, visto como um tumor ímpio na terra do islã, serve de modelo e de elemento de contraste para uma Europa tomada há muito tempo pela incerteza e pela indolência. Esses "cossacos falando hebraico" (a expressão é de Begin a propósito de Sharon), desprovidos de qualquer remorso mas

O ARCAÍSMO DO SOLDADO

Portanto, nós não gostamos mais de guerra e deixamos a outros o trabalho de fazê-la, reservando-nos o direito de sempre criticá-los quando se perdem pela via das armas. A Europa sofre, *vis-à-vis* o primo americano, de complexo de devedor. Ela não ignora, ao menos na parte ocidental, que, sem o socorro dos Aliados em 1917, mas sobretudo em 1944, teria sido pura e simplesmente riscada do mapa ou colonizada por muito tempo pelas tropas soviéticas. Há generosidades que são formas de afronta: o Plano Marshall e em seguida o Tratado do Atlântico Norte aumentaram o peso da dívida, e eis a América culpada até por conta dos benefícios que nos prodigalizou. "Eu não tenho inimigos", dizia Jules Renard, "não fiz favor a ninguém." Os cidadãos do Velho Mundo acreditam ter dito tudo ao pararem de se matar uns aos outros, erigindo o "guerra nunca mais" em dogma intangível. Esse resultado magnífico e rico de ensinamentos omite um pequeno detalhe: que a Europa, desprovida no momento de instrumentos políticos e militares dignos de crédito, depende ainda, como vimos, do grande irmão ianque para sua defesa. Estranha inconseqüência: não paramos de praguejar contra este último sem nada fazer para nos libertar de sua tutela. Quanto mais o vituperamos, mais nos colocamos na sua dependência, como uma criança que se revolta contra

não de consciência, e que reavivam o mito do fundador, nos lembram que uma sociedade só é forte em seus primórdios quando ela tem vontade de lutar e de se impor. Certos de que a Europa, em caso de perigo grave, os sacrificaria imediatamente sobre o altar da tranqüilidade, os israelenses sabem que só podem contar com eles mesmos. Quer os aprovemos ou não, temos que reconhecer neles um convite sempre vivo à resistência.

os pais por jamais deixá-los. Por que tal consentimento à impotência, por que depositamos aos pés de nosso pior aliado nossas capacidades de ação? É que em nossos países o soldado é uma figura arcaica, mal tolerada, salvo se for de chumbo, destituído pelo médico, enfermeiro, salvador, diplomata de ambições modestas, de métodos mais delicados. Atavismo das democracias obrigadas a preferir sempre seu bem-estar à liberdade, a se confinar nas "pequenas comodidades da vida" (Tocqueville)? É provável. Ainda acreditamos na violência, ainda tememos a desordem de nossos próprios delinqüentes e a infiltração dos bárbaros do exterior — razão pela qual o policial, o espião, o agente secreto gozam de um certo prestígio negado ao militar —, mas a recusa do conflito armado está diretamente ligada ao desenvolvimento do individualismo e ao declínio do nacionalismo. O homem contemporâneo não quer mais ser despossuído de sua morte em uma conflagração coletiva que os governos, os estados-maiores não dominam. Morrer por uma pátria, uma ideologia, ou seja, um princípio superior à minha existência individual se tornou inconcebível: o velho grito dos pacifistas alemães no período da Guerra Fria: "Antes vermelhos do que mortos" (e que faz eco a esta declaração de Jean Giono em 1937: "Prefiro ser um alemão vivo a ser um francês morto"[4]) é doravante a convicção mais compartilhada entre nós. Seria um erro descrever tal atitude simplesmente em termos de covardia. A guerra induz de fato um desapossamento da desgraça: nós não temos nenhum controle sobre seu desenrolar e suas conseqüências. Uma vez que deixamos, ao contrário dos ameri-

[4] Citado por Richard J. Golsan: *French Writers and the Politics of Complicity*, Johns Hopkins University Press, Baltimore, 2006, p. 83.

canos, de nos identificar carnalmente com uma pátria, aceitamos unicamente as obrigações que nós nos impomos. Mesmo nos Estados Unidos, a atual equipe no poder na Casa Branca parece ter superestimado a determinação de seus concidadãos de combater "o eixo do mal" e ter esquecido a lição do Vietnã: um povo liberal, voltado para a abundância e para o desenvolvimento individual, não pode querer por muito tempo se transformar em soldado de tropa e ver grande número de seus filhos morrerem, a menos que renuncie às suas liberdades fundamentais e não se pergunte sobre a legitimidade dos empreendimentos. Mesmo diante de uma agressão severa a uma sociedade hedonista e individualista, obcecada pelo sucesso pessoal, repugnam os sacrifícios, seja qual for a retórica marcial com que ela veste suas ambições. Os Estados Unidos, que suprimiram a obrigatoriedade do serviço militar e possuem um exército de profissionais, podem conhecer momentos de grande solidariedade, sobressaltos patrióticos duráveis, mas não estão preparados para dirigir o globo, uma vez que a "mensagem" da América é, assim como a da Europa, o amor à vida e a auto-realização. O indivíduo contemporâneo é o encenador de seu próprio desaparecimento: se é preciso partir, que seja em total consciência, não como ratos na lama das trincheiras, no caos dos campos de batalha. Nossas razões de viver excluem qualquer razão de morrer por uma causa que ultrapasse nossa pessoa ou as pessoas que amamos. Não aceitamos "colocar nosso corpo em aventura de morte" (P. Contamine) a não ser nos esportes ou nas situações extremas que escolhemos. E os mesmos que estão dispostos a suportar calvários desumanos no alto de uma montanha, a atravessar um oceano em fúria em cima de uma casquinha de noz, recusam-se a correr riscos pela sobrevivência de um conjunto mais amplo com o qual só se sentem vagamente solidários. O sacrifício moderno é um jogo entre o mundo e mim, do qual a coletividade foi excluída (ou subsiste apenas minimamente, sob forma de família). Para ser tolerável, o sofrimento deve ser livremente decidido, não suportado. Nós não somos de Vênus, assim como os americanos não são de Marte. Porém, por uma inconseqüência estranha, preferimos, fora alguns poucos países como a França e a Inglaterra que têm ainda exércitos dignos deste nome, deixar o cuidado de nossa defesa global aos Estados Unidos. A Europa talvez esteja errada, como prova a ameaça iraniana, ao supor que a paz seja acessível apenas pela via do diálogo e da boa vontade. O único país, a Suíça, cujas montanhas são recheadas de abrigos antiatômicos, onde a população é armada, onde cada cidadão tem de seguir regularmente um treinamento de combate, nem sequer faz parte da União e declara em alto e bom som sua neutralidade. A Europa deveria pelo menos coordenar suas capacidades estratégicas e se dotar de um pólo de poderio militar apto a atenuar as insuficiências americanas, cada dia mais gritantes. Persuadir nossos concidadãos da necessidade de um exército forte, capaz de intervir em toda parte, constituiria uma verdadeira revolução cultural.[5] Para ser digno de crédito, tem que ser temido. Para ser temido, é preciso se mostrar capaz de infligir a um agressor potencial estragos irreparáveis.

---

[5] Em outubro de 2001, a França teve que alugar aviões russos para contribuir para a intervenção no Afeganistão. A metade de sua frota de helicópteros estava presa no chão por falta de manutenção e de peças avulsas. A Europa, revela o jornalista americano Thomas Friedman, tem enorme falta de aviões de transporte de longa distância. A OTAN só dispõe de quatro, todos britânicos e alugados da Boeing, precisando tomar emprestado Antonov russos e ucranianos. O que aconteceria se uma guerra estourasse

O COLOSSO FANFARRÃO

Mas, ao contrário, o tratamento dos problemas apenas sob o ângulo militar, em detrimento de uma reflexão política, os empinamentos de peito e as fanfarrices não bastam. Os Estados Unidos pagaram caro, por conta de seu passado, o sonho de piedosa simplicidade com o culto da nação messiânica, a convicção inabalável de encarnar a pátria do belo, do bom e do bem, a crença ingênua de que tudo que é bom para o Tio Sam é bom para o planeta. Filhos de uma terra de exceção tanto quanto de eleição, nascidos sob invocação divina, os americanos às vezes dão a impressão de querer se subtrair aos deveres que incumbem à humanidade comum. A maneira contestável como eles tentam hoje em dia se colocar acima das leis comuns, recusando-se a ratificar certos tratados, seu hábito de promulgar para os outros regras que eles mesmos desprezam, sua guerrilha suspeita contra a Corte penal internacional de justiça, contra a ONU que eles cortejam à vontade para melhor rejeitar em seguida, o escândalo jurídico de Guantánamo e de Abu Graib, o uso abjeto da tortura pelo exército ou pelos serviços de informações, a prática arbitrária

no Natal, quando a maior parte desses Antonov, requisitados por fábricas de brinquedos, transportam produtos eletrônicos por todo o mundo? Todos juntos, os exércitos da União podem mobilizar em princípio dois milhões de soldados uniformizados. Mas só 5% das tropas européias têm capacidade logística para atuar fora da Europa em um teatro exterior, contra 70% nos Estados Unidos. As tropas européias, algumas das quais são sindicalizadas, estão aptas para tarefas de manutenção da paz, mas não para combates de forte intensidade. Lembremos finalmente que as despesas militares totalizaram 400 bilhões de dólares na América em 2005, e, na Europa inteira, no mesmo período, menos da metade deste valor. ("Europe should sell arms to itself, first", Thomas L. Friedman, *International Herald Tribune*, 7 de março de 2005).

das escutas telefônicas em nome da segurança, enfim, a *hybris* da "nação indispensável que não tem necessidade de nenhum contrapeso, uma vez que ela se equilibra por si só" (Madeleine Albright) lembram por vezes os regimes marxistas que recusavam antigamente a legalidade burguesa em nome de uma verdade proletária superior. O perigo que os espreita não é somente o da avidez econômica, é o messianismo democrático do qual a doutrina de Bush é em parte a emanação direta.

O sonho louco, na Segunda Guerra do Golfo, de remodelar o rosto do Oriente Próximo apenas com a decisão de uma equipe, esfacelou-se diante dos acontecimentos. De resto, os neoconservadores, principais inspiradores do conflito, são os bolcheviques que passaram para a direita, guardando de sua antiga família, o trotskismo, o mesmo voluntarismo prometéico, a mesma desenvoltura em relação aos fatos. Há grandeza, há energia na visão que têm do mundo, no culto do caos criador, na intenção de impor a democracia pela força das baionetas. Pela primeira vez, a ideologia, essa doença européia, agiu de maneira durável sobre uma parte das elites influentes de Washington, que quiseram dobrar o mundo à lógica de uma idéia. Mas essa engenharia política se choca como sempre com a complexidade das questões humanas. "Um neoconservador", disse Bill Kristol, "é um homem de esquerda que foi agredido pela realidade." É preciso crer que a agressão foi benigna pois foi exatamente o princípio de realidade que mais sofreu, no caso. A democracia não pode sair toda armada do despotismo e nem se reduz de forma alguma a um simples jogo eleitoral: ela é uma aventura histórica que necessita de uma lenta maturação, diversos séculos por vezes, de uma educação progressiva para a legalidade e a liberdade, de um consentimento ao conflito pacífico das opiniões, uma forma singular de ruptura com o passado mas na qual o passado continua a desempenhar um papel essencial. A democratização dos países muçulmanos, se tiver que ocorrer, se fará a partir do islã, não na sua negação.

A atual administração republicana rompe de maneira inquietante com a aliança de empirismo, bom senso e entusiasmo que sempre caracterizou a América. Seu erro não é ser americana, é não o ser suficientemente e arrastar esse grande país na direção de um extremismo que foge ao padrão de suas tradições. Felizmente, e até agora, as mentiras de Estado, o absolutismo sempre possível de uma facção tentada a violar os princípios da Constituição, foram contidos pelos mecanismos institucionais. O que impede que se perca a fé na república americana: os contra-poderes, o sistema de controles e de equilíbrio — Senado, Congresso, Corte Suprema, mídias — trazem o poder de volta ao centro, embora a possibilidade de ocorrência de um desvio grave não possa ser excluída. A cultura da mobilização e do medo sempre constituiu o instrumento favorito das ditaduras; as democracias não podem fazer dela senão um uso limitado, sob pena de se destruírem. Nesse gênero de ação existe o perigo de se abraçar a lógica do inimigo para melhor abatê-lo, de se ditarem regras e militarizar exageradamente, instaurando, em nome de sua proteção, uma vigilância generalizada sobre os cidadãos, perigo de paralisar ou fragilizar o maravilhoso edifício forjado pelos Pais Fundadores, em suma, de destruir o regime parlamentar para melhor salvá-lo. A instauração de um novo macarthismo, que excita certos adeptos da direita mais conservadora, constituiria a maior das vitórias de Bin Laden sobre a pátria de Lincoln. Defender a civilização com as armas da barbárie é instalar a barbárie no próprio cerne da civilização e embaralhar as fronteiras entre as duas. "Cuide, ao combater um monstro, para que você mesmo não se torne um deles" (Nietzsche).

Quando mandou arrasar Cartago depois de derrotá-la, o general romano Cipião Emiliano imaginou, numa intuição fulgurante, uma sorte idêntica para Roma e viu o Império morto por seu próprio triunfo. O mesmo movimento que o havia alçado aos píncaros podia precipitá-lo dentro do abismo. A marca de um grande homem, nos diz o historiador grego Políbio, é pensar na coincidência sempre possível da vitória e da ruína. A vertigem do sucesso fácil é má conselheira se reforçar em um Estado, em uma nação, a certeza de sua invencibilidade. Ao contrário do que crê, o *lobby* neoimperialista influente na Casa Branca, a América, longe de ser invulnerável, não tem as condições para ser um Império, mesmo benevolente. Na verdade, não é a liderança americana que é inquietante, mas sim sua discrição, o sentimento de que esse policial que aparece e desaparece, esse "xerife intermitente" (R. Hass) não está à altura da missão a que se propõe. Um exército cuja doutrina oficial é a "morte zero" (mesmo que a doutrina tenha acabado de ser seriamente desfalcada em Bagdá) e que continua obcecado pelo desastre do Vietnã é inapto para expedições militares de longa duração, sobretudo quando elas não fazem mais sentido para a opinião pública. Confrontado com uma falta de efetivos, o Pentágono se encontra já no limite de suas capacidades, engajado como está em vários teatros de operações. Desde o final da Guerra Fria, a ilusão de onipotência embriaga certos conservadores que confundem superpotência com onipotência. A predominância dos Estados Unidos não terá como se prolongar além dos próximos dez ou vinte anos sem uma crise importante, sobretudo diante dos gigantes asiáticos que estão emergindo. Embriagada por sua força, a América se esquece de que "o pior inimigo da vitória é a própria vitória" (David Landes) e de que é incapaz de assumir sozinha o fardo de uma nova ordem mundial. Ela é um império por seu tamanho, mas o povo americano, em si, não é imperialista. Ele é isolacionista por natureza, como provam os numerosos eleitos do Senado ou do Congresso que se vangloriam de não ter passaporte porque jamais viajam para o estrangeiro. Donde o contraste entre um país que pretende desempenhar um papel mundial e um povo que se caracteriza por sua desconfiança do mundo exterior. O estilo abrupto da equipe no poder em Washington que conseguiu, durante o primeiro mandato do presidente Bush Junior, indispor até os vizinhos mais próximos, Canadá e México, seus ucasses de uma outra era, sua maneira de tratar os aliados como moleques postos de castigo quando não obtemperam, em nada alterarão o quadro. George W. Bush, esse mensageiro antipático da liberdade, que mistura desenvoltura e jactância, terá conseguido o prodígio de tornar seu país mais execrável do que nunca aos olhos do mundo. Se não quiserem mais uma vez comer poeira, os EUA serão obrigados a sair de sua esplêndida suficiência. A América é mais vulnerável do que acredita, e a Europa menos fraca do que pensa. Uma deveria aprender o comedimento; a outra, o orgulho. É uma infelicidade histórica que o conjunto mais frágil esteja roído pelo remorso quando o conjunto mais forte está tomado pelo orgulho. É o porquê de o primeiro teorizar sua impotência quando o segundo exibe sem pejo sua superioridade. É uma infelicidade ainda maior o fato de estarem divididos e acrescentarem aos defeitos respectivos a inconveniência de sua separação.

A RECONCILIAÇÃO

Existem pelo menos quatro formas de reconciliação que podem de resto se misturar: esgotamento dos combatentes, esquecimento voluntário, anistia, discussão pública. No primeiro caso, depositam-se as armas sem se perguntar sobre a natureza dos massacres, no segundo faz-se um pacto de silêncio, no terceiro decreta-se a abolição do passado, acrescentando se for o caso, como na Argélia, a proibição de falar sobre ele sob pena de processo contra "quem tentar instrumentalizar a tragédia nacional", no último procede-se ao diálogo entre vítimas e carrascos. A conversação se subdivide por sua vez em diversos estratos: seja designando os culpados à vindita pública, seja reconciliando o povo com seus algozes, seja integrando estes últimos na comunidade nacional. É o que a África do Sul consumou, com a Comissão Verdade e Reconciliação, e que fará jurisprudência. Prometendo a impunidade aos criminosos do *apartheid* em troca da verdade, Pretoria defendeu o princípio de uma justiça reparadora e não punitiva. E uma vez que "mesmo o pior dos racistas pode evoluir" (Desmond Tutu), essa forma de reconciliação visa a recolocar o criminoso em sua dignidade de sujeito, não a entregá-lo à vindita de todos. Evita-se assim o perigo da vingança produtora de contravingança ou da humilhação pública de uma boa fração da comunidade nacional. Trata-se, através de gestos recíprocos, de reaproximar uns dos outros, vítimas e carrascos divididos por um ódio inexpiável.

O resultado é sempre frágil. Pois "a verdade não foi estimada, ela foi fabricada. Para sermos generosos, podemos dizer que a verdade foi negociada. Essa verdade salvou a África do Sul do abismo revolucionário. Ela será o espectro que velará sobre o futuro incerto do país"[6]. Existem, pois, políticas de memória que esboçam os contornos de uma redenção possível. O Marrocos a propósito do reino incerto de Hassan II, a Espanha e as chagas sempre vivas do franquismo, a Inglaterra e suas brutalidades coloniais na Irlanda, o Camboja e o horror dos anos Pol Pot, a Argentina e a ditadura sangrenta dos generais, a Coréia e os longos anos problemáticos da ocupação nipônica (1914-1945) e da Guerra Fria, a Rússia e a barbárie comunista: a lista de países que tentam entrar em acordo com seu passado não cessa de aumentar. Há falsos perdões ou perdões tão desenvoltos que equivalem a uma segunda afronta: como o do primeiro-ministro japonês Junichiro Koizumi, desculpando-se com os chineses e coreanos pelas atrocidades cometidas pelas tropas de seu país entre 1937 e 1945, mas ainda assim persistindo em honrar, em um santuário especial, os criminosos de guerra nipônicos. Outros parecem despropositados: quando, por exemplo, a administração Bush pede desculpas pelos maus-tratos infligidos aos nipo-americanos durante a Segunda Guerra Mundial, o que é correto, mas não tem uma palavra para os índios ou os negros cuja sorte foi bem mais trágica. Mesmo nas jovens nações do Sul — pensemos na África —, os armários transbordam de cadáveres, há sempre episódios sangrentos que ressurgem como espinhos na lenda gloriosa das novas pátrias. Não existem povos inocentes a partir do momento em que se conferem uma expressão política, eis o que nos ensinou a história recente. Em toda parte há um grande trabalho de reparação das ofensas sendo empreendido: dos aborígines da Austrália aos índios da América do Norte sem esquecer os mapuches do Chile, os inuítes da região ártica ou os pigmeus do Congo, não há povo que não reclame mais atenção para as ofensas sofridas. Não é certo que a humanidade vá se ver livre dessa

[6] Ebrahim Moosa, citado por Bogumil Jewsiewicki, "Afrique du Sud: de la vérité de mémoire à la réconciliation". *Le Débat*, nº 122, novembro/dezembro de 2002, p. 65.

avalanche de demandas, engajada como está em um processo de exorcismo planetário de seus delitos. O crime sempre excederá as possibilidades de perdão, e as memórias serão sempre muito mais numerosas: os defuntos não serão vingados nem os sofrimentos penalizados, as feridas não se fecharão. A cura não é garantida nem os rituais terapêuticos são sempre eficazes. Muitos lutos permanecerão impossíveis, muitas tragédias malditas. Só a história escrita, contada, pode oferecer a esses milhões de mortos a sepultura que merecem. Uma coisa é certa, nós só estamos no início desse mecanismo: todas essas palavras de sofrimento, essas reminiscências dilacerantes vão se multiplicar, uma vez que a única violência inadmissível é a dissimulação, o mutismo. A humanidade entrou no duplo processo de confissão pública e de análise interminável (no qual se pode ver o sinal do triunfo do cristianismo e do freudismo). Se há uma lição que a Europa pode dar ao mundo é a maneira como os irmãos inimigos, exauridos de matanças, se reconciliaram na beira do abismo, dando um fim a querelas inexpiáveis, provando que as heranças mais amargas podem ser superadas.

CONCLUSÃO

Um presente envenenado

"A Europa morrerá deste princípio:
isto não é da minha conta."
Gustav Mahler

O jesuíta Louis Bourdaloue, célebre pregador na corte de Luís XIV, distinguia, dando prosseguimento a são Bernardo, quatro espécies de consciência: a boa tranqüila (paraíso), a boa perturbada (purgatório), a má perturbada (o inferno), a má serena (desespero).[1] Como não ver que a Europa contemporânea pertence à última categoria? Raramente se viu, com efeito, todas as elites de um continente abraçar com tamanho entusiasmo a causa da culpa, chegando até a endossar as faltas dos outros, a se apresentar como voluntárias para as catástrofes mais longínquas e exclamar: eu sinto remorso, eu sinto remorso, quem tem um crime? A culpa nos convém: ela constitui o álibi de nossa abdicação. Ela traduz a coexistência finalmente tranqüila do pavor e da calma, da renúncia e da boa digestão. Nós nos protegemos perpetuamente com os andrajos malditos do criminoso para melhor nos mantermos à distância. Há frivolidade nos nossos pruridos de fustigação, um consentimento à servidão. A acusação contra a Europa prossegue, encabeçada prontamente pela própria Europa. Muito orgulhosa de confessar a própria culpa com alarde, ela

[1] Citado por Vladimir Jankélévitch, *La Mauvaise conscience*, op. cit., p. 147.

reivindica o monopólio universal e apostólico da barbárie. Seu verdadeiro desejo não é a conquista, mas a ruptura com o mundo, a vontade de se proteger de tempestades. Ela gostaria de se trancar dentro do casulo do arrependimento, dedicando-se apenas aos prazeres tristes do supermercado, do nível de vida, do hedonismo.

Trata-se, pois, de mudar o olhar que lançamos sobre nós mesmos, de proceder a uma transformação completa dos valores. Em primeiro lugar, restabelecer o elo transatlântico. Da mesma maneira como não podemos dispensar os Estados Unidos, eles não podem nos dispensar. Eles dispõem da exuberância, da energia de que nós temos tanta necessidade. A despeito das desconfianças recíprocas, estamos condenados a estreitar nossos laços, a compartilhar os mesmos fardos. As democracias precisam estar armadas, e poderosamente, para não serem desfeitas pelas forças da tirania. Elas são com efeito depositárias de um tesouro infinitamente perecível e frágil: os direitos humanos, o respeito aos princípios. Elas são responsáveis pela perpetuação da própria democracia. Se quiser ter um mínimo de influência, a Europa deve edificar, ao lado de seu grande vizinho, um segundo conjunto, inédito em suas ambições e sua forma política, nascido do consentimento voluntário dos povos à erosão de sua soberania. A todos os partidários do grande cisma que reclamam o divórcio e vêem no oceano Atlântico um lago metafísico separando duas filosofias irredutíveis, é preciso responder que essa rivalidade deve ser convertida em emulação entre blocos que têm muito a aprender um com o outro em termos de audácia e de prudência: temperar a impetuosidade americana com a ponderação européia e a lucidez européia com o dinamismo americano. Não se trata de escolher entre o Velho e o Novo Mundo, fascinante de fato é o enfrentamento dialético dos dois, só ele gerador de contrastes fecundos. É preciso reaproximar as duas metades estremecidas do Ocidente, uma vez que, com a notável exceção da Índia e do Japão, elas são a única garantia dos regimes pluralistas. E pouco importa a querela semântica em torno da palavra Ocidente, que haja um ou diversos, que a abandonemos ou fiquemos com ela, contanto que continue sendo o princípio subversivo que abala as tradições e o arbitrário, promove a liberdade, proíbe todas as nações de se fechar sobre si mesmas (é o porquê dos "valores ocidentais" serem hoje aviltados por todos os fanatismos, dos fundamentalistas muçulmanos aos integristas poloneses). Reconciliar a Europa com a história e os Estados Unidos com o mundo tal é nossa tarefa neste começo do século XXI. Ensinar à primeira que não se ganham batalhas apenas com as armas do compromisso e da encantação; aos segundos que eles não estão sozinhos na Terra, investidos de uma missão providencial que os dispensaria de buscar a aprovação do outro, de escutar e de argumentar, que a ambição de fazer a felicidade dos povos contra a vontade deles resulta em desastre. Que não temos o direito de ser idiotas na luta contra o terrorismo, sob o risco de alimentar o incêndio que se quer extinguir. Se amanhã a América desabasse, a Europa cairia como um castelo de cartas, retornaria ao seu tropismo submisso, reduzindo-se a um sanatório de luxo pronto para se deixar decepar, pedaço por pedaço, por todos os predadores. Mas se por acaso a Europa se desmantelasse, a América também não ficaria bem, enrijecendo-se em um nacionalismo desafiador, um isolacionismo orwelliano. Elas são o oxigênio uma da outra. Por sinal, cada vez que as duas se aliam a respeito de um assunto específico, fazem maravilhas.

A quem nós devemos permanecer leais? Às páginas negras de nossa história ou à maneira como aprendemos as lições? À longa litania dos massacres ou ao esforço empreendido para sair da servidão e da iniqüidade? No confronto das diversas heranças que nos constituem, vale mais a pena exaltar os triunfos do que os lutos, pois o triunfo é o luto mais sua superação, os sofrimentos suportados e subjugados, um esforço coletivo para desafiar o infortúnio. Nossa hiperamnésia seletiva só retém as calamidades, jamais as apoteoses. Por que assumir apenas as horas sombrias e apagar a claridade que lhes sucedeu? Dispostos a fazer uma pesquisa de filiação, busquemos para nós ancestrais ilustres, e não miseráveis. É preciso, pois, celebrar os heróis em vez dos canalhas, os justos e não os traidores, conservando uma fidelidade ao melhor de si. Ao dever de memória, opor o dever de nossas glórias. Diante do desespero, lembrar-se dos perigos vencidos, manter-se firme quando tudo à própria volta se desagrega, quando se acumulam covardias e traições: "Agüente, meu coração, você já passou por provas mais cruéis" (Ulisses). Um continente que roçou o abismo tantas vezes e conseguiu escapar, que emergiu do apocalipse da Segunda Guerra Mundial, não tem razão para corar diante de si mesmo. É preciso inverter nossa relação com o passado: não ver nele uma fonte de deploração, mas de confiança. A Europa não pode ser tão cobiçada por outros e tão pouco estimada por si mesma, quando é o exemplo de uma saída bem-sucedida da barbárie, de um casamento harmonioso entre poderio e consciência.

Ela não tem outra solução senão aprofundar os valores democráticos que inventou. Não é de uma extensão geográfica, absurdamente estendida até os confins, que ela tem necessidade, mas de uma intensificação da alma, de uma condensação de suas forças. Ela constitui um dos raros espaços sobre este planeta onde algo de absolutamente inédito se passa sem que seus membros cheguem a tomar consciência, de tanto que o milagre parece natural. Para além da imprecação e da apologia, precisamos expressar nosso maravilhamento de habitar esse continente e nenhum outro. A Europa, bússola moral do planeta, desaprendeu a embriaguez da conquista, adquiriu o senso da fragilidade das questões humanas. Precisa reencontrar suas capacidades civilizatórias, não para se reconciliar com o gosto do sangue e das carnificinas, mas para progressões espirituais. É necessário ainda que o espírito de penitência não sufoque nela o espírito de resistência. Que ela preze a liberdade como o bem mais precioso, que a ensine nas escolas desde a infância. Que celebre também a beleza da discórdia, livrando-se de sua alergia malsã à confrontação, que não tenha medo de apontar o inimigo com o dedo, que concilie a firmeza em relação aos regimes com a generosidade em relação aos povos. Em suma, que simplesmente faça as pazes com a riqueza subversiva de suas idéias, com a vitalidade dos princípios fundadores.

Claro, vamos continuar falando a dupla língua da fidelidade e da ruptura, oscilando entre o promotor que acusa e o advogado que defende. É nossa higiene mental: somos obrigados a ficar entre a faca e a ferida, a lâmina que fere e a mão que cicatriza. O primeiro dever de uma democracia não é reparar o mal de ontem, é denunciar sem descanso seus crimes e suas infrações de hoje. Tal gesto exige reciprocidade, que todos apliquem a mesma regra. É preciso acabar com a chantagem da culpa, parar de nos imolar diante de nossos perseguidores. Uma política de amizade não pode ser fundada no engodo: a nós o opróbrio, a vocês a graça. Uma vez reconhecidos nossos erros, quando os tivermos cometido, trata-se de voltar a acusação contra os acusadores e submetê-los por sua vez ao fogo contínuo da crítica. Deixemos de confundir a necessária avaliação de nós mesmos com o masoquismo moralizador. Chega o momento em que o remorso é um segundo crime, que repete o primeiro sem anulá-lo. Sejamos os inoculadores de um veneno que por muito tempo nos corroeu: a vergonha. Um pouco de consciência pesada em Teerã, Riad, Karachi, Moscou, Pequim, Havana, Caracas, Argel, Damasco, Rangum, Harrar, Cartum, para citar somente alguns, faria um grande bem a esses governos e sobretudo a suas nações. O mais belo presente que a Europa pode dar ao mundo é oferecer-lhe o espírito de exame que ela concebeu e que a salvou de tantos perigos. É um presente venenoso, porém indispensável à sobrevivência da humanidade.

O presente texto é o prosseguimento de uma reflexão inaugurada com *Le Sanglot de l'homme blanc* (Seuil, 1983). Ele desenvolve sobretudo um artigo publicado em maio de 2003 na *Revue des Deux Mondes*, intitulado "L'Europe et l'Amérique, la fatigue et l'enthousiasme", artigo retomado em *Dissent* e *South Central Review* (USA), bem como em *Letras Libres* (México).

Impresso no Brasil pelo
Sistema Cameron da Divisão Gráfica da
DISTRIBUIDORA RECORD DE SERVIÇOS DE IMPRENSA S.A.
Rua Argentina 171 – Rio de Janeiro, RJ – 20921-380 – Tel.: 2585-2000